HISTOIRE

DE

NOGENT-L'ARTAUD

PAR

LE Dr A. CORLIEU ET CH. LÉGUILLETTE

Membres de la Société Historique et Archéologique
de Château-Thierry

NOGENT-L'ARTAUD

EN DÉPOT CHEZ M. O. LEDUC, RUE DE LA CURE

———

CHATEAU-THIERRY

IMPRIMERIE MODERNE

Écho Républicain de l'Aisne

———

1906

HISTOIRE

DE

NOGENT-L'ARTAUD

L'ÉGLISE DE NOGENT-L'ARTAUD, EN 1906

HISTOIRE

DE

NOGENT-L'ARTAUD

PAR

A. CORLIEU ET CH. LÉGUILLETTE

Membres de la Société Historique et Archéologique
de Château-Thierry

CHATEAU-THIERRY

IMPRIMERIE MODERNE

Écho Républicain de l'Aisne

—

1906

AVANT-PROPOS

Celui qui écrit un livre a généralement l'habitude de le faire précéder d'une introduction, dans laquelle il expose les motifs qui l'ont poussé à se faire imprimer, et souvent aussi il le fait présenter au public par un introducteur éminent qui le recommande aux lecteurs.

Nous ne ferons pas appel à ce dernier, et nous nous présentons nous-mêmes, sans protecteur, mais avec la conscience d'avoir rempli une tâche que nous nous étions imposée depuis longtemps et qui a été pour nous pleine de charmes.

Quoique partageant les mêmes idées, les mêmes sentiments, nous nous sommes divisé la tâche, afin que chacun de nous pût, selon ses goûts, ses aptitudes, étudier plus spécialement tel ou tel sujet. Nous avons relu ensemble nos manuscrits, pour ne pas nous départir de cette règle d'unité, indispensable à toute œuvre écrite en collaboration. Nous avons signé chaque chapitre de nos articles par nos initiales A. C. ou Ch. L.-M. l'abbé Blanchard, curé de Nogent-l'Artaud, a bien voulu nous écrire le chapitre XII, relatif à l'Église de Nogent, avec une compétence que nous n'avons pas. Il nous a fallu de longues et patientes recherches dans les Archives départementales, dans les Archives nationales, si riches en documents authentiques sur nos pays, et dans des archives privées pour en extraire des pièces qui n'auraient probablement jamais vu le jour. L'un de nous, Ch. Léguillette, a reproduit fidèlement un certain nombre de figures rappelant les sceaux, relatifs à Nogent. Nous devons aussi quelques dessins à l'habile crayon de nos amis, MM. Varin.

Ecrit pour nos compatriotes, notre livre n'a pas la prétention de franchir les bornes de notre Canton. Chacun sert son pays comme il peut. Nous ne formons qu'un vœu, celui que notre livre puisse être agréable à nos lecteurs : c'est le seul dédommagement que nous espérons du travail qu'il nous a coûté, et cela nous suffit.

Dr A. CORLIEU.

CH. LÉGUILLETTE.

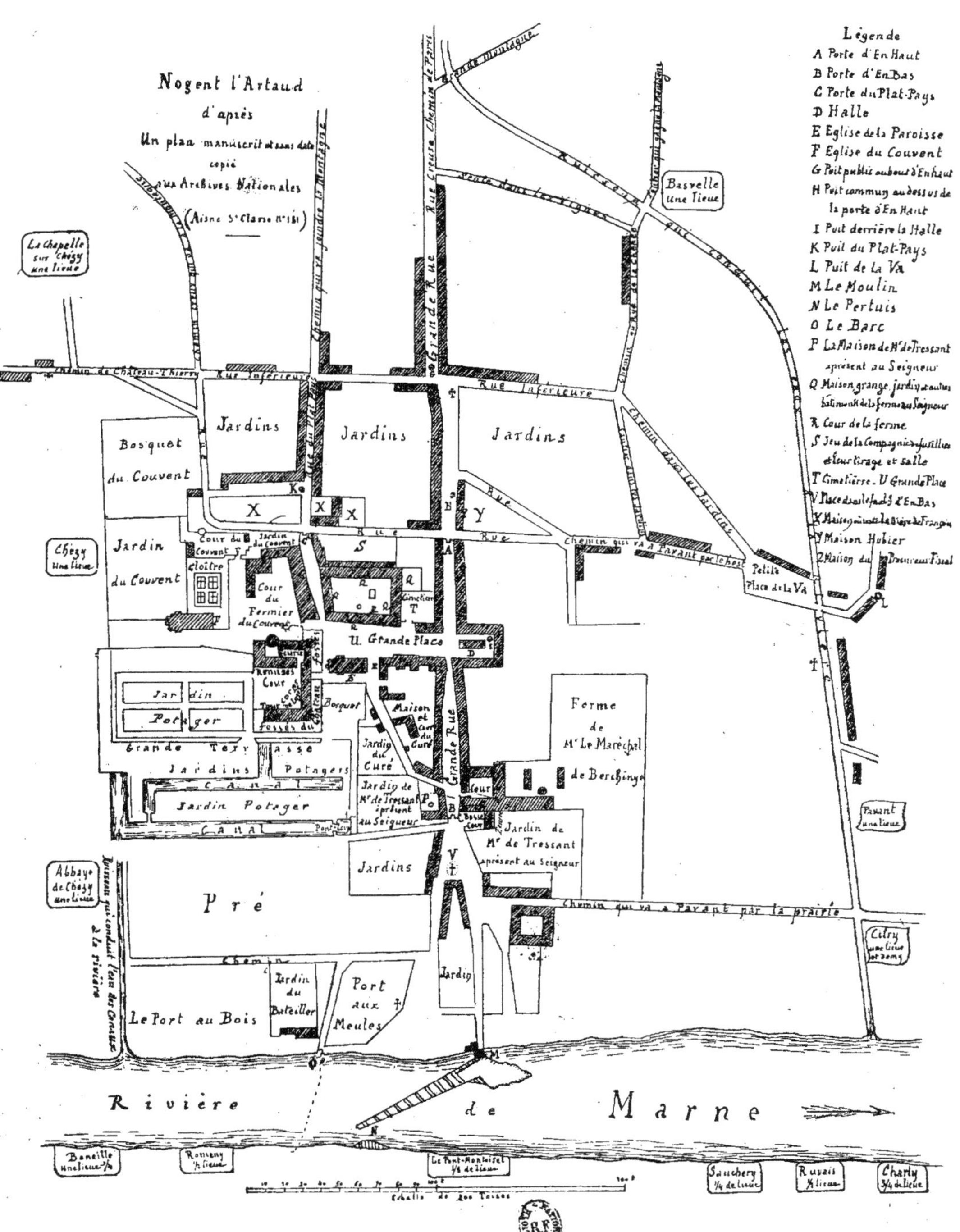

Nogent l'Artaud
d'après
Un plan manuscrit et sans date
copié
aux Archives Nationales
(Aisne St Clanse n° 151)

Légende
A Porte d'En Haut
B Porte d'En Bas
C Porte du Plat-Pays
D Halle
E Eglise de la Paroisse
F Eglise du Couvent
G Poit public au bout d'En Haut
H Puit commun au dessus de
la porte d'En Haut
I Puit derrière la Halle
K Puit du Plat-Pays
L Puit de la Va
M Le Moulin
N Le Pertuis
O Le Barc
P La Maison de M' de Tressant
à présent au Seigneur
Q Maison grange jardin et autres
bâtiment de la ferme au Seigneur
R Cour de la ferme
S Jeu de la Compagnie des fusillier
et leur tirage et salle
T Cimetierre. U Grande Place
V Place des ailes du faubourg d'En Bas
X Maison qui entoure la Bièvre de François
Y Maison Hubier
Z Maison du Procureur Fiscal

La Chapelle
sur Chezy
une lieue

Basvelle
Une lieue

Chezy
une lieue

Abbaye
de Chezy
une lieue

Pavant
une lieue

Citry
une lieue
et bourg

Chemin de Château-Thierry
Rue Inférieure
Rue Inférieure
Jardins
Jardins
Jardins
Bosquet
du Couvent
Jardin
du Couvent
Cour du
Couvent
Jardin
du Couvent
Cloître
Cour
du
Fermier
du Couvent
U. Grande Place
Remises
Cour
Jardin
Potager
Grande Terrasse
Jardins Potagers
Jardin Potager
C A N A L
C A N A L
Bosquet
Jardin du
Curé
Maison
et Cour
du Curé
Jardin de
M' de Tressant
à présent
au Seigneur
Ferme
de M' Le Maréchal
de Berchigny
Cour
Jardin de
M' de Tressant
à présent au Seigneur
Jardins
Pré
Chemin qui va à Pavant par la prairie
Chemin
Jardin
du
Batellier
Port
aux
Meules
Jardin
Le Port au Bois
R i v i è r e   d e   M a r n e

Boncille
une lieue ¼
Romeny
½ lieue
Le Pont-Montoisel
¼ de lieue
Sauchery
¼ de lieue
Ruvais
½ lieue
Charly
¾ de lieue
Echelle de 200 Toises

HISTOIRE DE NOGENT-L'ARTAUD

CHAPITRE PREMIER

Nogent jusqu'à la fondation du Couvent des Clarisses en 1299.

L'étymologie du mot *Nogent* a été différemment expliquée. Les uns le font dériver du mot *noue*, qui signifie terre grasse, humide (Cocheris) ; les autres voient dans ce mot une origine celtique (D'Arbois de Jubainville). La plus ancienne forme est *Novigentum*, mot celtique latinisé. Le radical *nov* indique quelque chose de nouveau. De *Novigentum*, par la disparition de la lettre *g*, comme on le voit dans Baginson, qui est devenu Bainson, Binson, *Novigentum* est devenu *Novientum*, *Novient*, l *i* devenant *j* a formé Novjent, puis Nougent, Nogent.

Nogent. 829. — Les plus anciens documents relatifs à Nogent-l'Artaud remontent au règne de Louis-le-Débonnaire. En 829, Hilduin Ier, abbé de Saint-Germain-des-Prés, donna à cette abbaye les terres de Nogent, Antony, La Celle, Esmans, etc. (1). Aucune pièce ne nous indique d'où Hilduin tenait ces terres.

(1) Dom Bouillard, *Histoire de l'Abbaye de Saint-Germain-des-Prés*, p. 26. — Comme pièces justificatives, voir ibid. XV, p. xiv, la charte de Louis-le-Débonnaire. 13 janvier 829 ou 830.

Le Polyptyque d'Irminon. — Vers cette époque, l'Abbaye de Saint Germain des-Prés fit faire l'inventaire de ses possessions et cet inventaire, dressé par l'abbé Irminon, nous est conservé sous le nom de Polyptyque d'Irminon. C'est un important manuscrit de la Bibliothèque nationale (1) contenant l'énumération exacte de ce que possédait l'Abbaye à Nogent et dans les autres localités, avec l'indication de l'état et du nom des personnes,

L'Abbaye de Saint-Germain-des-Prés possédait à Nogent un *manse* (2) seigneurial, consistant en :

55 bonniers (3) de terres, en trois coutures ;

41 arpents 1/2 de vignes, fournissant environ 300 muids de vin ;

43 arpents de prés ;

15 lieues de bois de tour ;

Un moulin ;

Une église, pourvue de six bonniers de champ, d'un arpent de vignes, de deux arpens et demi de prés ;

35 manses tributaires, dont 25 *ingénuiles*, c'est-à-dire de condition libre, et 10 *serviles.*

Les *vingt-cinq* manses ingénuiles renfermaient 26 ménages, savoir :

11 de colons mariés avec des colones ;

2 de colons veufs avec enfants ;

6 de colons seuls sans enfants ;

4 mixtes, savoir : deux de colons mariés avec des femmes libres ; — un, de colon marié avec une femme lide ; — un, d'homme lide marié avec une colone.

3, de condition non déterminée.

(1) Fonds latin 13316.

(2) *Mansus,* portion de terre dans laquelle était la demeure du colon.

(3) Bonnier, *bunuarium,* mesure de terre contenant environ 1 hectare 40 ares. Par couture, *cultura,* on entendait une grande pièce de terre labourable.

Ces vingt-six ménages, dont l'abbé Irminon nous donne les noms, contenaient 101 personnes.

Les *dix* manses serviles comprenaient douze ménages, savoir :

2 colons mariés avec des colones ;

3 colons seuls, sans enfants ;

1 lide, marié avec une colone ;

2 serfs, mariés avec deux colones ;

3 hommes non qualifiés mariés avec des colones ;

1 homme marié avec une serve.

Ces douze ménages comprenaient 45 personnes.

Il y avait encore quelques autres individus, qui portaient à 158 le nombre des habitants relevant de l'Abbaye de Saint-Germain-des-Prés.

Les vingt-cinq manses ingénuiles comprenaient environ 123 bonniers de terre, 34 arpents de vignes, 20 arpents de prés, ce qui faisait en tout :

150 bonniers de terres labourables,

46 arpents de vignes,

96 arpents de prés.

Les *redevances* des 25 manses ingénuiles consistaient en 205 muids de vin pour droit de guerre ; 74 muids pour paisson ou usage habituel, 20 porcs et demi ; 4 moutons, 74 poules ou gelines, 370 œufs, 2,500 bardeaux (1).

Les redevances des 10 manses serviles consistaient en 21 muids de vin pour la paisson, 8 moutons, 27 poulets, 135 œufs, 600 bardeaux, 6 pots de moutarde.

En résumé, les redevances des gens de Nogent à l'Abbaye Saint-Germain-des-Prés, consistaient en :

300 muids de vin,

______

(1) Le bardeau était une planchette ayant 3 ou 4 décimètres de long sur 1 ou 2 de large et qui servait à couvrir les toits ou à revêtir les murs.

20 1/2 porcs,

12 moutons,

101 poulets,

505 œufs,

3.100 bardeaux,

5 pots de moutarde.

Il était en outre payé 20 deniers par capitation, c'est-à-dire par tête.

Quant aux services qui étaient dus à l'Abbaye Saint-Germain-des-Prés, ils étaient nombreux et bien spécifiés.

Les 25 manses ingénuiles devaient labourer 208 perches de champ, faucher 20 arpents et demi de prés, cultiver 8 arpents de vignes et faire les corvées, couper les arbres, faire les manœuvres et les charrois qu'on leur demandait.

Les dix manses serviles devaient labourer 33 perches dans les champs, cultiver 24 arpents de vignes et huit, parmi ces dix manses, devaient faire les charrois pour le vin, les corvées, les coupes d'arbres, outre les manœuvres et charrois imposés aux manses libres ou ingénuiles. Chaque manse servile devait trois journées de travail par semaine.

Le cartulaire de l'abbé Guillaume (1) attribue à l'Abbaye de Saint-Germain-des-Prés les biens suivants à Nogent :

Le moulin de la Tétoie,

Le bois de l'Aulnay-Neuf (*de Alneto novo*),

    — de la Broce Troussel ou Troucel (*de Brociâ Trocelli*),

    — Dardier,

(1) *Archives nationales*, L. 83, f° 248, 249.

Le bois de la Broce de la Verrine,
— de la Houssière,
— de Brusselles,
— de Retor ou Rutor ou forêt de Saint-Germain,
— Rur (la rue) et de la Charmoie (*de Charmeià*),
La Saussaie d'Ambrainne,
La rue de l'Aulnay,
La carrière de Pavant,
Le pré de la Haute-Borne,
La vigne de Sauz,
· Les Preiz (*Praella*).

Ainsi donc l'Abbaye Saint-Germain-des-Prés de Paris possédait à Nogent un manse seigneurial et 35 manses tributaires. Mais l'abbaye n'était pas seule en possession des terres de Nogent, puisque, en 849, Charles le Chauve donna au comte Odo ou Eudes 50 manses sis à Nogent, *in pago Otmense, in villa Novientum* (1).

Invasions des Normands. — Les Reliques de Saint-Germain à Nogent. 857. — A cette époque, la France était souvent inquiétée par les invasions des peuplades qui venaient du Nord de l'Europe, races sauvages et belliqueuses qui descendaient de la Suède, de la Norwège et du Danemarck, auxquelles on donnait le nom générique de Normands et qui se livraient chez nous au pillage et à l'incendie. Les monastères qui contenaient alors beaucoup de richesses, excitaient surtout leur convoitise. Les religieux de l'Abbaye de Saint-Germain-des-Prés qui conservaient dans leur couvent les reliques de leur patron et celles d'autres saints, craignant le pillage ou la profanation de ces reliques, les avaient portées à Esmant, non loin du

(1) Dom Bouquet, *Recueil des Historiens de France*, t. VIII, p. 505.

confluent de l'Yonne et de la Seine ; mais cette résidence n'était pas sûre, en 857 les religieux prirent la
fuite et emportèrent avec eux les reliques de Saint-
Germain, et les portèrent, dit Aimoin (1), à Nogent qui
était de leur dépendance.

En 863, la tranquillité étant rendue au pays, l'abbé et
les religieux de Saint-Germain prirent les mesures con-
venables pour transférer les restes de leur saint patron
de Nogent à Paris. La voie qui parut la plus commode
fut celle de la rivière. On mit les reliques sur un bateau
que l'on fit descendre de la Marne dans la Seine jusqu'à la rivière de Bièvre ; c'était le 19 juillet 863. Aimoin
raconte que plusieurs miracles furent accomplis, grâce
à ces saintes reliques.

Le 12 des Calendes de mai 872 (20 avril) eut lieu le
deuxième partage des biens de l'Abbaye de Saint-
Germain-des-Prés, par Gozlin, abbé de Saint-Germain.
Dans ce partage confirmé par une Charte de Charles le
Chauve, Nogent est désigné sous le nom de *Novigentum
in Meldense*, Nogent dans le Meldois ou pays de Meaux.

L'Église de Nogent est cédée à l'Abbaye Saint-Germain-des-Prés. — 1082-1096. — En 1082, selon

les uns, en 1096 selon le *Gallia christiana*, Hugues Ier, de
Pierrefonds, évêque de Soissons, céda à perpétuité à
Isambert, abbé de Saint Germain-des-Prés, et aux reli-

(1) Collection des Historiens de France, t. VII, p. 517. — Voir :
Aimoin, p. 348, 352, 512, 517. — « Post duos annos (857) iterum
Abbatia expilatur à Nortmannis, cùm paulo ante Monachi sacrum
sancti Germani corpus secum demo Cumbas (Combes), tùm in vico
Senonensis pagi Acmantum *Esmant* et indè in villà Novigentum
Artaldi ad Matronam quæ ejus possessione erant ; abstulissent, hisce
interim Barbaris oblatà ingenti pecuniæ summà, ut incendio cathe-
dralis Sancti Dionysii et Sancti Germani ecclesiarum parcerent. »
(Gallia christiana, t. VII, col. 427.)

gieux de cette abbaye, l'église de Nogent, moyennant
cinq sous de redevances annuelles qu'ils devront payer
à l'église de Soissons le jour de Saint-Mathieu. D'après
la charte, cette cession aurait été faite à la prière du
roi Philippe Iᵉʳ, du Comte de Blois et de Meaux Etienne
et d'Adèle, sa femme (1), auquel appartenait alors
Château Thierry.

En 1107, les moines de Nogent virent augmenter
leurs revenus de l'autel de Crécy qui leur fut donné par
l'évêque de Soissons, Manassé (2).

Artaud, seigneur de Nogent. — 1150. — C'est vers
1158 (3) qu'apparaît pour la première fois dans l'histoire
de Nogent le nom d'Ertaus ou Artauld, qui était chambrier, c'est-à-dire trésorier de Henri le Libéral ou le
Large, comte de Champagne et était devenu seigneur
de Nogent, où il aurait, dit la chronique, fait bâtir
un château magnifique, dont il n'existe nul vestige.
Vers cette époque se place l'anecdote si connue qui
nous est rapportée par le Sire de Joinville, qui vivait
en 1270, un siècle environ après, et que nous reproduisons textuellement d'après l'historien de Saint-Louis.
Elle a pour acteurs le Comte Henri, Artaud et un pauvre chevalier :

« Ertaus de Nogent fu li bourgeois dou monde que
« li cuens creoit plus ; et fu si riches que il fist le
« chastel de Nogent l'Ertaus de ses deniers. Or avint
« chose que li cuens Henris descendi de ses sales de
« Troies pour aler oïr messe a Sainct Estienne le jour
« d'une Pentecouste. Aus piez des degrez vint au devant

(1) *Gallia christiana*, t. IX, col. 353.

(2) Ib., t. IX, col. 355.

(3) D'Arbois de Jubainville, *Histoire des Comtes de Champagne*,
p. 126 et 128.

« de li uns povres chevaliers qui s'agenoilla devant li
« et li dist ainsi : Sire je vous pri pour Dieu que vous
« me donnes don voltre par quoy je puisse marier mes
« dous filles que vous veez ci. Ertaus qui aloit dariere
« li dist au povre chevalier : Sire chevaliers vous ne
« faites pas que courtois de demander a Monsignour
« car il a tant donnés que il n'a mais que donner. Li
« large cuens se tourna devant Ertaus et li dist : Sire
« vilains vous ne dites mie voir de ce que vous dites
« que je n'ai mais que donner, li ai vous meismes. Et
« tenez, sire chevaliers, car je le vous doing et si le
« vous garantirai. Li chevaliers ne fu pas esbahiz ain-
« çoins le prist par la chape et li dist que il ne le lairoit
« jusques a tant que il averoit finei a li. Et avant que il
« li eschapast et Ertaus finei a li de cinq cens livres. » (1)

En 1169, Artaud augmenta ses domaines en achetant,
moyennant 300 livres à Jean de Verzelou ou Verdelot
et à sa femme, tout ce qu'ils possédaient à la terre de
Rutor, soit à titre de don, soit à titre de dot. Et pour
mieux sanctionner cette acquisition, Jean de Verdelot
se démit de ces biens entre les mains du Comte de
Troyes qui en investit son chambrier par une charte
donnée à Troyes en 1169. (2)

Deux ans après, Henri, qui devait à son chambrier
Artaud une rente de quarante sols, éteignit cette rente
en lui donnant les biens et droits qu'il possédait à Saulchery, droits que les seigneurs de Nogent ont conservés
jusqu'à la Révolution. De son côté, Artaud devait à son
seigneur six mois de garde. « *Dominus Ertaudus ligius VI*
menses custodie. » (3)

Artaud possédait d'autres biens dans les châtellenies de Provins, Sézanne et Troyes. En 1171, il constitua en douaire à sa femme, Hodierne, Nogent et ses dépendances, ainsi que d'autres biens à Orbais, Orly, etc., et réserva pour ses enfants d'autres possessions situées dans d'autres localités. Le Comte de Champagne et sa femme Marie confirmèrent cette constitution de douaire (1).

Etablissement d'un marché le Vendredi, 1178. — L'année suivante, le Comte de Champagne abandonna à Artaud les droits de garde ainsi que tous les autres qui lui appartenaient sur les hommes *saintieux* ou serfs appartenant à l'Eglise. En 1178, il établit un marché le vendredi (2).

En 1179, Artaud suivit le Comte de Champagne en Palestine, qui, fait prisonnier par les Turcs, fut délivré par l'Empereur de Grèce et revint mourir en Champagne, en 1181 (3). Artaud conserva sa charge sous la veuve du Comte de Champagne, sa suzeraine.

Différends entre Artaud et l'Abbaye de Saint-Germain-des-Prés. — 1182. Accord entre les deux parties, confirmé par l'Archevêque de Reims. — Artaud était si riche, dit Joinville, qu'il fit bâtir le château de Nogent de ses propres deniers. Mais la construction de ce château ne laissa pas que d'amener des différends entre Artaud et l'Abbaye de Saint-Germain des-Prés, qui possédait aussi une partie des terres de Nogent. Artaud avait fait élever une tour, des

(1) Originaux, Archives de M. le comte de Kérouartz et Copies *Archives Nationales*, J. 764, n° 1 (3 et 4).

(2) AN. J. 764, n° 1 (2) et n° 1 (1) et Arch. de M. le comte de K.

(3) *Archives Nationales*, J. 765, n° 15.

murs, creuser des fossés, un étang, établir un four, des
pressoirs; de plus, il s'était emparé de quelques terres
appartenant au couvent. L'abbé de Saint-Germain pro-
testa et, en 1182, un accord fut fait entre les deux parties.
Artaud conserva tout ce qu'il avait fait, mais il s'engagea
à payer à l'Abbaye, chaque année, à la Saint Rémy, dix
sols de cens en monnaie de Provins et en outre, pour le
douaire d'Hodierne, vingt deniers de cens et six setiers
de vins. En échange des terres dont il s'était emparé et
de l'emplacement de l'étang, il donna neuf arpents de
prés qu'il avait achetés d'un nommé Odes ou Odon et
neuf autres situés dans « les Campailles ». Il fut convenu que le four serait commun, que chacune des
deux parties paierait moitié des dépenses, qu'Artaud
conserverait la moitié du produit du marché. Quant à
l'autre moitié, le couvent qui en possédait déjà un tiers
(les deux autres tiers appartenant aux moines de Chézy),
se réservait la faculté d'acheter la part de ces derniers.
En ce qui concernait les pressoirs, le Seigneur de
Nogent et le couvent de Saint-Germain devaient établir
chacun le leur, mais les revenus de ces pressoirs devaient
être partagés par moitié, et en cas de détérioration de
l'un d'eux, le propriétaire du pressoir détérioré, tant
qu'il ne l'aurait pas fait remettre en état, ne pourrait
percevoir aucun revenu; mais il pourrait seulement, et
sans rien payer, se servir de l'autre pressoir, pour sa
vendange seulement. Cette transaction fut confirmée
la même année par Guillaume, Archevêque de Reims,
par l'Evêque de Soissons et la comtesse Marie, veuve
d'Henri Ier, comte de Champagne (1).

De temps immémorial, l'Abbé de Saint-Germain-des-
Prés faisait les nominations à la cure de Nogent. Le 17

(1) *Arch. Nation.* J 764, nᵒ 1 bis (1) et 1 bis (2) et L 781.

des Calendes de Décembre 1177, une bulle du pape Alexandre III confirma à l'Abbaye de Saint-Germain le privilège de cette nomination. Quatre ans après (1181-1182), Nivelon, évêque de Soissons, reconnut à l'Abbaye la jouissance de la moitié des rétributions que les fidèles offraient à l'église de Nogent, tant pour les sépultures, les trentaines pour les morts, les messes, les offrandes, etc. Mais il excepta, en faveur du curé, les baptêmes, les mariages, les confessions, ce que les nouvelles accouchées donnaient pour la bénédiction des relevailles, sans cependant déroger au droit que possédait l'Abbaye de Saint-Germain de temps immémorial, droit de percevoir les oblations de Noël, de Pâques et de la Toussaint. Cette convention fut confirmée, en 1183, par Guillaume, archevêque de Reims, puis successivement par les archidiacres de Soissons : André, en 1187, Hugues puis Gervais quelques années après, et dans la suite par les papes Léon III, Clément III et Innocent III (1).

Artaud étant le seigneur de Nogent, la localité, pour se distinguer de celles qui portaient le même nom, s'appela dès lors le Nogent d'Artaud, *Novigentum Artaldi*, et plus tard NOGENT L'ARTAUD.

Mort d'Artaud. — Il est inhumé à Chézy. —

1195. — Artaud étant très malade et sentant sa fin prochaine, voulut être inhumé dans l'église du couvent de l'Abbaye Saint-Pierre de Chézy : et comme il possédait du bien dans cette localité, entr'autres le moulin Arrouart, il donna tout ce bien à l'abbaye pour le salut de son âme et de celle de son fils Jean, mort avant lui. Il y ajouta cent livres, à la condition que chaque jour on chanterait deux messes dans cette église, une pour

(1) *Archives Nationales*, L, 781 (5 chartes). Dom Bouillard, ouvrage cité, p. 100.

lui, l'autre pour son fils Jean. Cette donation, approuvée par sa femme Hodierne et par ses enfants, fut confirmée par l'Evêque de Soissons, Nivelon (1). La mort d'Artaud peut être fixée à l'année 1195, car une charte du cartulaire de Chézy du mois de juin 1196 relate que c'est à sa demande qu'Artaud a été inhumé dans l'église Saint-Pierre de Chézy.

Convention entre les religieux de Nogent et ceux de Chézy.

— Les religieux de Nogent, fournis par l'Abbaye de Saint-Germain-des Prés de Paris pour le service religieux de la paroisse et pour la culture et l'exploitation des biens de l'abbaye, avaient des rapports assez intimes avec ceux de Chézy et ils firent entr'eux la convention suivante, à savoir que dès qu'un moine de l'un ou de l'autre monastère viendrait à mourir, on l'annoncerait eu frappant une tablette (2) et en le recommandant aux prières, à moins que l'heure ou le jour de la fête ne force à ajourner au lendemain. Ensuite on chanterait les Vigiles et la Messe avec candélabres et encens : les autres moines devraient chanter quarante psaumes et faire un service dans le couvent pendant trente jours. Mais si par hasard il survenait quelque dissentiment ou quelque événement grave dans l'un ou l'autre monastère, ou si quelque moine quittait volontairement son église pour passer dans une autre, il conserverait son droit de séjour. Toutes les fois que l'abbé de Chézy irait à Nogent, il pourrait, si bon lui semblait, se rendre au chapitre et si quelque

(1) *Bibliothèque Nationale* — Manuscrits — Dom Grenier, Picardie, t. XXII, p. 3, n° 4. Manuscrit Dom Muley, Cartulaire de Chézy. — Voir plus loin : Pièces justificatives.

(2) *Tabula pulsabetur*. Pendant longtemps, dans la religion catholique, la cloche n'était pas employée pour les cérémonies funèbres ; aujourd'hui encore on ne la sonne pas le vendredi et le samedi de la Semaine Sainte.

faute avait été commise il pouvait la remettre ; si quelque frère avait été condamné par sentence du prieur, il pourrait lui faire grâce : de même pour l'abbé de Nogent, chaque fois qu'il irait à Chézy (1).

La date de cette pièce importante n'est pas indiquée, mais elle nous paraît antérieure à l'établissement des Religieuses Clarisses à Nogent, c'est-à-dire à 1299.

Hodierne, veuve d'Artaud. — Après la mort d'Artaud, sa veuve Hodierne conserva la seigneurie de Nogent. Elle donna à l'église Saint-Germain-des-Prés quarante livres parisis destinées à l'acquisition de soixante sous de rente. Ces rentes, pendant la vie de la donatrice, devaient être consacrées aux messes anniversaires pour le repos de l'âme d'Artaud et après la mort d'Hodierne, vingt livres seraient prélevées pour des messes semblables à son intention (2).

Arnaud et Hodierne eurent de leur mariage cinq fils et des filles, savoir :

1° Jean, qui mourut avant son père ;
2° Guillaume d'Acy ;
3° Honorius, dit De La Noe ;
4° Etienne ;
5° Artaud.

Contestations avec l'abbaye Saint-Germain-des-Prés. — Hodierne et Guillaume d'Acy. — Peu de temps avant sa mort, Hodierne et son fils aîné

(1) *Bibliothèque Nationale.* — Manuscrit D. Grenier, Picardie, t. XXII, p. 3, n° 4 ; *in* Archives de l'Abbaye Saint-Pierre de Chézy.

(2) *Archives Nationales,* J. 764, n° 4 (2).

Guillaume eurent quelques contestations avec l'abbaye
Saint-Germain-des-Prés au sujet des droits onéreux
qu'ils exigeaient des habitants. « Elle et son fils
Guillaume avaient usurpé les prés, vignes et autres
possessions de l'abbaye ; ils avaient emprisonné plusieurs personnes qui avaient refusé de payer, maltrai-
trant les religieux qui demeuraient à Nogent. » L'abbé
Jean de Vernon s'en plaignit au pape. Hodierne se soumit. A sa mort qui eut lieu peu de temps après, son fils
Guillaume chercha des subterfuges : il fut excommunié,
puis se soumit aux conditions suivantes : Il reçut en fief
la moitié de la voirie de Nogent, des bois de Rutor,
appelés forêt de Saint-Germain, la moitié des bois de
Brusselles, des Larris, de la Charmoie, tant en fonds
qu'en futaie avec les chemins, mais il en devait hommage au couvent qui conservait la pleine propriété de
l'autre moitié de ces bois et voirie. Dans tous les bois,
les gardes de Guillaume devaient fidélité au couvent et
ceux du couvent à Guillaume. Les dîmes devaient appartenir aux églises. Sur les forêts appartenant en
pleine propriété au couvent, Guillaume ne pouvait
prétendre à aucun droit de garde ni de gruerie. Les tailles
devaient appartenir en commun au couvent et au seigneur de Nogent sur les serfs et serves du couvent mariés soit entr'eux, soit avec les serfs ou serves de Guillaume
et même avec des serfs étrangers. Guillaume conservait
exclusivement le droit de tailles sur les serfs ou serves
non mariés à ceux du couvent. Aucune taille ne pouvait être établie par l'une des deux parties sans le
consentement de l'autre et, même en ce cas, elle pouvait être partagée au profit de chacune d'elles.

Cette transaction, qui est de septembre 1212, fut
confirmée la même année par Philippe-Auguste (1).

(1) *Archives Nationales*, J. 764, n⁰ˢ 2 et 3.

Reconnaissance par l'Evêque de Soissons du droit de patronage de l'Abbaye de Saint-Germain-des-Prés sur l'église de Nogent, 1214. —

En 1214, Aymar, évêque de Soissons, reconnut le droit de patronage accordé, comme nous l'avons vu plus haut, en 1096, par un de ses prédécesseurs, à l'Abbaye de Saint-Germain-des-Prés sur l'église de Nogent, et à cet effet constata le serment de fidélité que firent en sa présence, entre les mains du chambrier de Saint-Germain, Jobert et Onric, tous deux chapelains, pour les deux chapelles qu'ils desservaient dans l'église de Nogent (1).

En 1231, au mois de décembre, Jacques de Bazoches, évêque de Soissons, voulut avoir à Nogent un droit de procuration ou de visite, lorsqu'il faisait sa tournée pastorale. L'abbé Eudes ou Odon contesta ce droit et, pour éviter un procès, on choisit des arbitres qui furent : Artaud, trésorier de l'église de Troyes, pour l'évêque, et Raoul, chambrier de Saint-Germain des-Prés, pour l'abbé Eudes. Par la sentence qu'ils rendirent, l'évêque de Soissons fut débouté de sa prétention (2).

Mort de Guillaume d'Acy. —

L'époque de la mort de Guillaume d'Acy n'est pas fixée d'une manière précise ; mais une charte du mois de novembre 1240 nous apprend que « Guillaume, d'heureuse mémoire, par ses dernières volontés » avait donné à l'église Saint-Germain des-Prés deux muids de froment à prendre chaque année, sur la grange de Nogent, à l'octave de la Saint-Rémy, pour la célébration de son anniversaire. Le couvent de Saint Germain-des-Prés, d'accord avec Isabelle, veuve de Guillaume, échangea cette redevance en

---

(1) *Archives Nationales*, L. 781.
(2) *Gallia Christiana* et *Archives Nationales*, L. 781.

nature contre une rente de vingt livres de Provins, et il s'engagea à célébrer après la mort de ladite dame des messes anniversaires à son intention (1).

Mort d'Isabelle, sa veuve. — Elle est inhumée dans le chœur de l'église de Nogent, 1250. —

Isabelle ou Ysabeau mourut au mois de décembre 1250, et elle fut enterrée dans le chœur de l'église de Nogent. Au milieu du seizième siècle, on y voyait encore sa pierre tombale, indiquant les jour, mois et an de son décès. Il existait également au milieu du chœur une verrière représentant la Passion : deux personnages de cette scène étaient représentés sous les traits de Guillaume et d'Isabelle (2).

Guillaume II d'Acy est seigneur de Nogent, 1250. —

Du mariage de Guillaume Ier d'Acy avec Isabelle étaient nés deux enfants, Guillaume II d'Acy, qui succéda à la Seigneurie, et Marguerite, qui épousa Philippe Davernoy.

La pierre tombale d'Artaud. — Singulière coutume. —

Le cinquième fils d'Artaud et d'Hodiernè, qui portait le même nom que son père et était trésorier de l'église Saint Etienne de Troyes, est mort à Nogent, vers la même époque. Il a été inhumé dans l'église où l'on peut voir encore sa pierre tombale. Artaud y est représenté dans le costume ecclésiastique du temps et à l'entour est gravée cette inscription en belles lettres onciales : « Hic jacet Artaldus quondam Thesaurarius « beati Stephani Trecensis, filius bone Hodierne, do- « mine de Nogento. Cujus anima requiescat in pace. »

---

(1) *Archives Nationales*, J. 764, 4 (1) et Arch. de M. le c[te] de K.
(2) Ib., J. 765, n°s 14, 15.

Cette pierre fut pendant longtemps l'objet d'une coutume assez singulière. Chaque nouvelle mariée, le lendemain de ses noces, devait venir embrasser l'effigie d'Artaud. Cette coutume existait encore au commencement du xviime siècle. Mais, en 1668, le curé de Nogent ne la trouvant pas convenable et ne pouvant empêcher ses paroissiens de venir embrasser l'effigie, fit retourner la pierre tombale de manière à ce que l'effigie fut tournée contre la terre. Mais, en 1756, on retourna la pierre, l'usage reparut, ce qui fit retourner la pierre de nouveau. Actuellement cette pierre tombale, bien conservée, est adossée contre un des murs de l'église.

Un délégué de l'Abbaye de Saint-Germain-des-Prés est maltraité dans l'église de Nogent, 1258.

— Les rapports entre les habitants de Nogent et le couvent étaient parfois très tendus. En 1257 ou 1258, aux fêtes de la Toussaint et de Noël, les gens de Nogent refusèrent d'aller aux oblations ou offrandes dont une partie revenait aux religieux de Saint Germain-des-Prés. L'abbaye envoya un de ses religieux pour informer sur ce fait. Mais cet envoyé fut mal reçu, il fut traîné à travers l'église avec ses habits sacerdotaux. L'abbé de Saint-Germain porta plainte : le pape désigna pour juge un chanoine de l'ordre de Saint Benoît de Paris.

Par un décret rendu à Paris le 9 mars 1259, les habitants de Nogent furent condamnés à indemniser le couvent et à fournir une caution convenable entre les mains du chanoine ou de son mandataire. On déclara exempts de toute contribution et de dommages et intérêts les habitants qui purent prouver leur absence ou leur non participation à ces violences exercées contre le délégué de l'Abbaye. Les habitants refusèrent de payer ; on les menaça d'excommunication et le curé de suspension, celui-ci pour s'être refusé à prononcer l'excommunication contre ses paroissiens. (Juillet 1259.)

Le doyen de Chézy, prié de publier cette sentence d'excommunication sur l'étendue de son doyenné, s'engagea à le faire. Un document du 27 août 1260 nous apprend que le couvent accorda un délai aux habitants pour s'acquitter de leur amende. Les documents s'arrêtent là et ne nous disent pas comment se termina cette affaire (1).

Nouveaux différends entre l'Abbaye Saint-Germain-des-Prés et le Seigneur de Nogent. — 1ᵉʳ arbitrage en 1261. — 2ᵐᵉ arbitrage en 1265-1267.

— Guillaume II d'Acy avait épousé Mahaut ou Mathilde qui lui avait apporté en mariage certains fiefs situés à Gandelu.

Comme ses prédécesseurs, Guillaume eut des différends avec le couvent de Saint-Germain-des-Prés. Il ne voulut pas reconnaître la transaction de 1212, à laquelle son père lui-même n'avait adhéré qu'après avoir encouru l'excommunication. De là, nouvelles contestations, au sujet desquelles, à la requête des religieux, le pape Alexandre IV, dans une bulle du 5 décembre 1258, nomma pour juges le Prieur de Saint-Eloi de Paris et l'archidiacre d'Etampes.

Après bien des ajournements, les parties en présence de ces juges et de M° Guy de Codret, Eudes de Corrigeries, clerc, Jean de Corton, notaire, et de plusieurs autres, consentirent le 17° jour des calendes de juin 1261 à faire un compromis et choisirent chacune leur arbitre : le couvent prit le frère Guillaume de Moret, et le seigneur de Nogent Eudes de Saulchery. Les pouvoirs les plus étendus furent donnés à ces deux arbitres à la décision desquels les parties s'engagèrent à se conformer sous peine de cent marcs d'amende. On dé-

(1) *Archives Nationales*, L 781, onze pièces.

signa même, en cas de désaccord, un tiers arbitre,
Mʳ Pierre, chambellan du roi de France. De plus,
Guillaume s'engagea à faire homologuer son adhésion
et celle de sa femme à cette transaction par son suzerain
le roi de Navarre, comte de Champagne et de Brie, et
de son côté le couvent s'engagea à obtenir des lettres
confirmatives du roi de France (1).

Voici quelles furent les principales dispositions de ce
compromis : Guillaume devait laisser aux religieux le
libre exercice de leur droit de justice sur les hommes et
les biens de leur censure ; en cas de duel judiciaire, les
gages devaient être déposés dans la résidence du repré
sentant du couvent et si la paix se faisait avant le serment qui précédait le combat, ces gages appartenaient
en entier au couvent, mais si au contraire on en venait
au serment, le duel avait lieu dans la résidence *(incuna)*
du seigneur en présence du représentant de Saint-
Germain, si celui ci voulait y assister, et l'amende alors
était payée deux tiers au couvent et le surplus au seigneur.

On réservait à Guillaume la haute justice, qui comprenait les cas d'incendie, de vol ou découverte de trésor
d'or et d'argent ; toutefois les religieux consentaient
à partager par moitié avec Guillaume les deux tiers
dans les amendes dont il vient d'être parlé ; si un de
leurs hommes était accusé ou convaincu de vol ou
d'homicide, le chambrier ou le représentant du couvent
en résidence à Nogent pouvait le juger à charge de le
livrer ensuite « nu jusqu'aux braies » à Guillaume ou
à son délégué pour l'exécution du jugement.

Guillaume devait partager avec le couvent les droits
qu'il percevait sur les halles et le marché, sauf à ce
dernier à lui rembourser moitié de sa dépense dans la
construction desdites halles.

(1) Archives du château de Nogent.

Il lui fut prescrit de faire percevoir avec plus d'exactitude le cens dû au couvent et dont le produit devait s'élever au moins à dix livres et ce en conformité de la charte de l'archevêque de Reims, c'est à-dire de l'accord de 1182, confirmé par ledit archevêque.

Quant aux bois de Rutort, des Larris, de Brusselle et de la Charmoie, qui avaient été partagés par moitié entre les religieux et le seigneur de Nogent, il fut décidé, pour parer aux empiètements de Guillaume qui établissait sa garenne même dans la partie des religieux, que tous ces bois, les droits et avantages y afférents seraient communs et qu'aussi le chambrier de Saint-Germain pendant son séjour à Nogent ou le moine qui y résiderait à sa place pourrait chasser où et comme il voudrait, mais sans pouvoir faire commerce de cette chasse.

Il fut interdit à Guillaume de prendre des hommes, des religieux et de les racheter comme il le faisait au mépris des conventions ratifiées par son père et de distraire à sa guise pour son usage les habitants de Nogent, soit lorsqu'ils exécutaient les corvées qu'ils devaient au couvent, soit le jour où ils avaient loué leurs temps, ou bien s'étaient mis à cultiver leurs terres. Cette façon d'agir causait un grand préjudice au couvent, car ces terres devenaient incultes et alors une partie de la dîme était perdue. Toutefois cette défense cessait pour les corvées auxquelles le seigneur avait droit, notamment pour les réparations du pont et des murs de la ville.

Défense fut faite aussi à Guillaume de forcer les hommes de Saint-Germain à aller moudre à son moulin comme banniers et de conserver pour lui seul les tailles qu'il percevait sur ces mêmes hommes, tailles qui se montaient annuellement à cent livres, à l'avenir il devait partager ce produit avec le couvent.

Pour se soustraire au paiement de certains droits et à certaines obligations, Guillaume ne s'était pas fait investir de biens qu'il avait achetés et qui dépendaient de la censive des religieux, il devait le faire non seulement pour ses acquisitions futures mais encore pour les biens dont il n'avait pas été régulièrement investi. Il lui fut aussi interdit de vendre, moyennant une redevance personnelle, les biens dépendant de la censive des religieux.

Les religieux prétendaient que Guillaume devait tenir d'eux à cens annuel sa tour et son manoir avec ses dépendances comme situés sur le territoire de la ville de Nogent, sauf appel au Comte de Champagne. Il fut convenu que Guillaume continuerait à posséder comme il avait possédé jusqu'alors en se conformant à la charte de l'archevêque de Reims.

Quant à la voirie de Nogent, aux droits de justice et autres qui en dépendaient, tout cela fut déclaré commun aux religieux et au seigneur.

Guillaume dut renoncer à exiger un droit d'aubaine du représentant du monastère qui devait être exempt de toute exaction à raison de sa personne et ne pouvait être imposé que pour les biens qui pourraient lui appartenir à lui-même. Il dut s'engager à ne plus protéger et défendre, comme il le faisait, ceux qui maltraitaient ou avaient des contestations avec les religieux.

Le droit de pêche dans la rivière fut déclaré commun aux religieux et à Guillaume ; mais en cas de débordement de la Marne, il était permis non seulement à celui ci et aux religieux mais à tous les habitants de Nogent de pêcher les poissons que l'eau amènerait dans les prés, fossés et ruisseaux.

Enfin, le dernier article de ce compromis avait trait à la fondation de deux chapelles, fondation d'une valeur de quinze livres tournois de rente annuelle. Guillaume comme fondateur voulait exercer les droits de présentation et de collation, droits que le couvent revendiquait comme inhérents à celui de patronage sur toute l'étenduc de la paroisse de Nogent. Pour transiger, on accorda ces droits à Guillaume sur la chapelle de son château et aux religieux sur la chapelle que Guillaume devait fonder dans l'église paroissiale pour le repos de l'âme de sa mère ; fondation qui eut lieu du reste ainsi que nous le verrons en 1267.

On eut pu croire que ce compromis qui statuait sur bien des chefs de désaccord terminerait le différend. Il n'en fut rien ; nous voyons en septembre 1265 les mêmes parties revenir sur cet arbitrage et choisir comme nouveaux arbitres, le couvent : le chevalier André de Chaville ou à son défaut Philippe de Gallice Bernard, et Guillaume d'Acy : le chevalier Milon de May ou à son défaut le chevalier Philippe des Aulnois, et enfin pour tiers arbitre, le père Symon, du titre de Sainte-Cécile, cardinal et légat du Saint Siège, ou la personne que ce tiers arbitre déléguerait.

Les nouveaux arbitres n'ayant pu tomber d'accord et le père Symon ne pouvant personnellement s'occuper des détails de l'affaire, Guillaume de Limigny, archidiacre de Poissy, fut délégué.

Après s'être rendu sur les lieux et avoir entendu les parties, Guillaume de Limigny revint à Paris, et là à Sainte-Geneviève, le 18 janvier 1267, sous la présidence du père Symon, en présence de Guillaume d'Acy et d'Odo de Corrigerus, procureur du couvent Saint-Germain, il arrêta les décisions suivantes :

1° Le couvent aurait sur ses terres droit de haute et moyenne justice et d'érection de fourches patibulaires, sur ses serfs droits de corvées, tailles, revenus, aubaines et autres prestations ; il aurait la propriété des bois de la Charmoie avec ses dépendances et les garennes depuis la Grange jusqu'à la porte de Nogent ainsi que la forêt dite de Saint-Germain avec le hallier de Rutor. Le couvent aurait le droit de faire construire et d'avoir son moulin, de se servir pour son usage personnel du four et du pressoir du seigneur, mais sans pouvoir y percevoir aucun droit, car tous les autres habitants serfs du seigneur ou autres devaient faire cuire leur pain ou pressurer leurs raisins au four ou au pressoir banaux du seigneur. Chacune des parties pourrait avoir respectivement sur ses gens droit de taureaux et de verrats banaux. Le couvent pourrait avoir ses mesures pour son usage personnel et celui de ses serfs, mais sans pouvoir empiéter sur le droit du marché, c'est à-dire qu'en dehors, ses serfs, les jours de marché, devaient se conformer aux mesures communes, tant pour l'achat que pour la vente. Les autres jours les serfs du couvent pourraient se servir de la mesure du couvent. Quant aux religieux eux-mêmes, tous les jours, même le vendredi, jour du marché, ils pourraient vendre ou acheter en se servant de leur mesure, sans avoir à payer aucun droit au seigneur.

2° Le seigneur Guillaume, de son côté, aurait le marché de Nogent avec tous ses droits; sauf la réserve ci-dessus en faveur du couvent et de ses serfs. Il s'engageait à ne pas élever ou laisser élever par ses serfs des maisons ou édifices pouvant gêner la vue ou l'accès des maisons, cloîtres, jardins et cours du couvent ou de ses serfs. Le seigneur conserverait la banalité du four et du pressoir, les droits de juridiction *(viaturam)* sur le chemin de Chézy à Pavant, en laissant au couvent et à ses serfs la faculté de pouvoir faire accéder leurs propriétés à ce chemin ou d'y construire des maisons en bordure. Le seigneur Guillaume aurait les droits de rouage (1) et d'épaves, sauf le droit à la moitié de celles-ci pour ceux qui les découvriraient; faculté était laissée au couvent et à ses serfs de prendre des pierres et de la marne, mais pour leur usage personnel. Le Seigneur de Nogent

---

(1) Droit seigneurial sur le vin transporté par charroi.

aurait encore la propriété du bois de Brusselles avec ses halliers, des bois de la Houssaye et des Larris avec les droits afférents, sauf ceux de pâture que chacune des deux parties et ses serfs pouvaient avoir dans leurs bois réciproques, suivant les usages du pays et aux époques déterminées par les lois et coutumes. Guillaume aurait l'usage sur la forêt de Saint-Germain (1). Ces décisions, dont la teneur fut de suite, à la demande des parties, approuvées par Symon, furent au mois d'août suivant confirmées par Thibaud II, roi de Navarre, comte de Champagne et de Brie, et par le roi saint Louis.

D'après cet arbitrage, on pourrait établir la ligne de démarcation entre la garenne de l'Abbaye de Saint-Germain-des Prés et celle du seigneur de Nogent; celle de l'abbaye pouvait comprendre la partie ouest du territoire de Nogent, située entre les limites des territoires de Pavant, Bassevelle, Hondevilliers, Verdelot et une ligne sinueuse qui, de la Marne, suivrait d'abord le ruisseau des Sablons, puis rejoignant la porte d'en bas de Nogent se continuerait jusqu'à celle d'en haut, suivrait le chemin de Nogent à la Grange, au Ménil, au Ménil-haut et se dirigerait vers le territoire de Verdelot en englobant dans son périmètre la butte de Rutor et les Haillettes. La garenne de Guillaume s'étendrait de l'autre côté de cette ligne jusqu'à la Marne, Chézy, La Chapelle, les bois de Viels-Maisons et Verdelot.

Etablissement d'une foire de trois jours, 1267. — La même année, le jour de Saint André, 30 novembre 1267, Thibaut, comte de Champagne, accorda à Guillaume d'Acy et à son épouse le droit pour eux, leurs héritiers et successeurs, d'établir à Nogent, au lieu qu'il leur conviendrait, une foire de trois jours, les mercredi, jeudi

(1) *Archives Nationales*, J. 764, nᵒ 5 bis.

et vendredi après Pâques. Ils choisirent comme emplacement le terrain situé au-dessous de l'église du Château, *infrâ parochiam dicti castri*. Nogent avait déjà son marché hebdomadaire le vendredi depuis 1178 (1).

L'Abbé de Saint-Germain-des-Prés reconnaît au Seigneur le droit de collation dans la chapelle du Château seulement, 1267.

— Depuis 1082 ou 1096, l'église de Nogent ainsi que le droit de présentation à la cure avaient été cédés à l'abbaye Saint-Germain des-Prés. Mais le seigneur de Nogent avait aussi sa chapelle dans son château et il voulait avoir le droit de collation dans sa chapelle. Au mois de décembre 1267, ces droits furent reconnus par les Religieux de Saint Germain-des-Prés, sous réserve des droits de l'église paroissiale ; par contre, Guillaume et Mathilde, sa femme, reconnurent aux Religieux la collation des chapelles établies dans l'église de Nogent et de toutes celles qui pourraient s'élever dans la paroisse de Nogent (2).

Guillaume II et Mathilde fondent une chapelle dans l'Eglise de Nogent (1267, décembre).

— Quelques jours après, Guillaume et Mathilde s'engagèrent à fournir pour la fondation d'une chapelle en l'église de Nogent et desservie par le chapelain Thomas, une rente annuelle de quinze livres tournois à prendre sur leur four banal de Nogent, savoir cent sols tournois pendant l'Octave de la Toussaint, cent sols à l'Octave de Pâques et cent sols à la Saint-Jean-Baptiste. Cette

(1) *Archives Nationales*, J. 765, n° 13. Voir aussi *Dom Bouillard*, p. 100, 113, 135.

(2) *Archives Nationales*, J. 764, n° 6 (2).

charte, du mois de décembre 1267, porte les sceaux de
Guillaume II et de Mathilde (1).

Dettes de Guillaume II d'Acy. — Mais Guillaume II
d'Acy avait beaucoup de dettes. Pour se libérer, il dut
vendre le bien qu'il possédait à Gandelu du chef de sa
femme (2). Aussi pour la dédommager, il lui abandonna, en mai 1276, neuf vingt livres (180 liv.) de rente
à prendre chaque année, savoir :

    60 livres tournois sur la Grange de Nogent et dépen-
        dances,
    40 livres tournois sur le Marché de Nogent,
    20 livres   »   sur les Tailles dues à Nogent,
    20 livres   »   sur ses terres, vignes à Sézanne,
    40 livres   »   sur les bois de la Houssière et des
Larris.

A ces rentes, il ajouta comme douaire la jouissance
du château de Nogent, des granges du village, des jardins, fossés et prés dépendant du château.

Au mois de septembre 1278, Guillaume II, pour se
conformer à une donation faite par son père, s'engagea
envers le curé Ferry et l'église de Nogent à leur servir
trois setiers de froment à prendre chaque année sur ses
biens à Nogent, dans l'Octave de la Toussaint (3).

Pendant ce temps, le roi Philippe III permettait à
l'Abbé de Saint-Germain-des-Prés d'élever un pilori et
des fourches patibulaires dans toute l'étendue de ses
possessions seigneuriales.

(1) Voir ces deux sceaux, plus loin, pièces justificatives. — *Archives
nationales*, L, 781.

(2) *Archives nationales*, K, l. 154, n° 31. — Voir : Annales de la
Société historique de Château-Thierry, 1875, p. 77, dans la Notice
historique sur Gandelu, par Nusse.

(3) *Archives Nationales*, J. 764, n° 8 (1).

Les trois filles de Guillaume II d'Acy et de Mathilde. — Jean et Robert de Mortagne. —

Guillaume II d'Acy et Mathilde eurent plusieurs filles, Marie qui fut religieuse au couvent de la Barre à Château-Thierry, Jeanne et Marguerite. Ces deux dernières épousèrent les deux frères Espierres, seigneurs de Mortagne ; Jeanne s'allia à Jean de Mortagne ; Marguerite à Robert de Mortagne.

Guillaume II et Mathilde abandonnent en viager leurs biens à leurs enfants. —

Par suite de leurs embarras financiers, Guillaume d'Acy et sa femme cédèrent à leurs filles et gendres toutes leurs propriétés de Nogent, moyennant une rente annuelle de deux cent seize livres dix-neuf sols tournois en argent de rentes viagères, que les époux de Mortagne devaient leur payer au château de Nogent, moitié à l'Octave de Saint-Rémy, moitié à Pâques. Ils se réservaient seulement la jouissance de cent quinze livrées douze deniers de terres en la Grange de Nogent, composées de terres arables, saussaies, prés, vignes, noyers, avoines, l'habitation du château, l'usufruit des jardins intérieurs et extérieurs, avec les fossés et dépendances jusqu'à la Marne (1).

Mais des discussions d'intérêts survinrent entre les parties, par suite d'inexactitude de paiement. Un parent, Jean d'Acy, servit d'arbitre : les deux époux Espierres de Mortagne promirent de payer exactement les redevances viagères convenues et de plus ils s'engagèrent à désintéresser les créanciers de Guillaume II d'Acy et de Mathilde, jusqu'à concurrence de deux mille livres quarante deux sols et six deniers tournois et ce qui ne serait pas employé de cette somme devrait être remis à

____

(1) *Archives Nationales*, J. 764, n° 7 (2).

Jean d'Acy pour qu'il pût payer les créanciers qui pourraient se présenter plus tard. En cas de non paiement aux époques déterminées, les époux Espierres de Mortagne encourraient dix sols parisis d'amende et Guillaume et Mathilde ou bien le porteur des lettres d'engagement reprendraient et exploiteraient les terres de Nogent jusqu'à complet paiement.

Cette convention fut passée au mois de février 1283, par-devant Gilles de Compiègne, garde de la Prévôté de Paris (1).

Jean et Robert de Mortagne vendent la Seigneurie de Nogent à Edmond de Lancastre et à Blanche d'Artois, son épouse. 1283. — Ne pouvant sans doute trouver ces garanties, Jean et Robert Espierres de Mortagne vendirent la terre et seigneurie de Nogent à Vincent de Pierrechastel, chancelier de Champagne, agissant au nom et pour Edmond de Lancastre et Blanche d'Artois, son épouse, veuve en premières noces d'Henri, comte de Champagne et roi de Navarre. Cette vente eut lieu en 1283 « le jeudi avant le dimanche où l'on chante *Lœtare, Jerusalem,..* », c'est-à-dire vingt-quatre jours avant Pâques. Ces lettres furent visées par l'Official de Troyes, le jeudi après l'Ascension, en 1285 (2).

L'année suivante, 1286, par lettres datées du Jour de l'Invention de Saint-Étienne, 3 août, Edmond de Lancastre et Blanche s'engagent à observer les stipulations établies au profit de Guillaume d'Acy et de Mathilde, relativement à la jouissance du château, de certaines de ses dépendances, ainsi qu'aux redevances de 300 livrées

(1) *Archives Nationales*, J. 765, n° 15 et J. 764, n° 7 (2).

(2) *Archives Nationales*, J. 765, n° 15.

de terre tournois et de 65 livres et 5 muids d'avoine. Les nouveaux acquéreurs payèrent intégralement.

Mais il n'en fut pas de même des frères Jean et Robert Espierres de Mortagne; car en 1288, Guillaume II d'Acy et Mathilde réclamèrent à leurs filles et gendres pour principal, intérêts, dommages et dépens pour non-paiement des 2,000 livres, 42 sols, 6 deniers, la somme de 7,800 livres parisis. Un arbitrage composé de l'abbé de Saint-Corneille, de Philippe Suard et de Jean de Puterle décida que les époux Espierres de Mortagne devaient payer à leurs parents ou ayant droit 500 livres parisis, savoir 100 livres à l'Assomption, 100 livres à la Toussaint et ainsi d'année en année jusqu'à complet paiement, plus 64 livres parisis de rente annuelle et viagère à Guillaume et à Mathilde, sauf tous dommages et intérêts pour retard et non paiement. Les époux Espierres devaient également désintéresser les créanciers de Guillaume et de Mathilde et payer au couvent de la Barre, pour leur sœur Marie, dix livres parisis de rente. Cette décision, rendue le jeudi avant l'Assomption 1288, fut approuvée par le roi Philippe-le-Bel (1).

Guillaume d'Acy et Mathilde n'étaient donc plus qu'usufruitiers du château de Nogent et de quelques-unes de ses dépendances : Edmond de Lancastre et Blanche, sa femme, en étaient les réels seigneurs.

Blanche d'Artois, Reine de Navarre, Comtesse de Champagne et de Brie. — Blanche de Navarre, qui devint ainsi Dame de Nogent, était sœur du comte Robert II d'Artois et par conséquent nièce de saint Louis. Elle avait épousé en premières noces Henri pre-

(1) *Archives Nationales*, J. 764, n° 7 (1).

mier du nom comme roi de Navarre et troisième comme comte de Champagne et Brie, qui mourut à Pampelune en 1274. Après la mort de son époux, elle revint en France avec Jeanne, leur fille unique. En 1275, elle épousa en secondes noces Edmond « au dos courbé », par euphémisme pour *bossu,* deuxième fils d'Henri III et frère d'Edouard I*ᵉʳ* « aux longues jambes », roi d'Angleterre. Pendant la minorité de Jeanne, Edmond gouverna les comtés de Champagne et de Brie, en qualité de régent. Mais deux ans après le second mariage de sa mère, Jeanne prétendit qu'elle était en âge de gouverner et que « le bail » d'Edmond devait prendre fin, suivant la coutume de Champagne; qu'Edmond et Blanche avaient fait couper, autrement qu'ils ne le devaient, des forêts anciennes et avaient laissé « decheoir » les maisons, château, prés, chaussées, etc., et qu'au surplus, comme héritière du roi de Navarre, son père, elle offrait au roi de France Philippe III l'hommage de son royaume de Navarre et de son comté de Champagne et de Brie (1).

Jeanne était alors fiancée au fils du roi de France Philippe III le Hardi. Naturellement, ses prétentions furent bien accueillies à la Cour et, en septembre 1284, des Lettres patentes, datées de Saint Germain-en Laye, confirmèrent l'accord entre Jeanne, d'une part, et Blanche et Edmond de Lancastre, d'autre part. Aux termes de cet accord, Blanche et Edmond de Lancastre se désistèrent de tous leurs droits sur les comtés de Champagne et de Brie, moyennant 60.000 livres que Jeanne dut leur payer, mais toutes les acquisitions faites par Edmond de Lancastre et Blanche depuis leur mariage durent leur rester. Quelques années plus tard, en 1296, Edmond de Lancastre fut tué « en une course prez la ville de Saint-Sever et Bayonne (2). »

(1) *Archives Nationales,* J. 765, n° 15.
(2) *Archives Nationales.* J. 765, n° 15.

Sa fille Jeanne est Reine de France, 1285. —
En 1285, Jeanne, à la mort de Philippe III le Hardi,
était devenue reine de France par l'avènement de son
époux Philippe IV, dit le Bel. En 1298, au mois d'avril,
Philippe-le-Bel par Lettres patentes, datées de Saint-
Germain-en-Laye, déclara donner à Blanche, sa belle-
mère, tout ce qu'elle et son mari avaient pu acquérir
dans la terre de Champagne et de Brie. La reine Jeanne,
en sa qualité de suzeraine et d'héritière des comtés de
Champagne et de Brie, approuva cette donation.

Bien que n'ayant plus « le bail » de ces comtés,
Blanche n'en continuait pas moins à porter les titres de
Reine de Navarre, Comtesse palatine de Champagne et
de Brie. C'est sous ce titre qu'elle est désignée dans
l'acte de fondation du couvent des religieuses Clarisses
de Nogent, le 25 juin 1299.

A. C. & Cᴴ. L.

CHAPITRE II

Fondation du Couvent des Religieuses Clarisses.

La Seigneurie de Nogent jusqu'à la donation à Philippe le Bel, duc de Bourgogne.

Peu de temps avant sa mort, Blanche d'Artois, veuve de son second mari, Edmond de Lancastre,. qui avait été tué « en une course près la ville de Saint-Sever ès Bayonne » en 1296, résolut, pour le salut de l'âme de ses deux époux, de fonder à Nogent un couvent de sœurs mineures de l'Ordre de Sainte-Claire, en l'honneur de Dieu et de Saint-Louis. Elle fit construire le couvent dans les jardins du château et lui affecta quatre arpents et demi de terrain, plus quatre cents livres tournois de rente, ainsi que le relatent les lettres de fondation (1).

Par lettres patentes données en juin de la même année à Melun, Philippe le Bel et Jeanne, sa femme,

(1) Pièces justificatives. ·

en qualité de comtesse de Champagne et Brie, ratifiè-
rent cette donation (1).

Le couvent de Saint Germain ayant de nouveau ma-
nifesté certaines prétentions d'hommage sur le château
de Nogent, le terrain occupé par la nouvelle abbaye de
religieuses, ainsi que sur la plupart des biens appartenant à Blanche d'Artois, celle-ci chargea, au mois
d'octobre 1300, maître Helyes le Poitevin, son clerc, et
Guillaume de Mortery, son bailli en Champagne, de
faire enquête à ce sujet. Le couvent, dont le chambrier
à Nogent était alors un nommé de Couilly, adhéra
aussitôt à cette proposition.

Un compromis fut rédigé le lundi « *après Lætare* »
de la même année 1300 (2), aux termes duquel Blanche
devait payer au couvent chaque année, à Noël, cent
sous tournois à prendre sur le four de Nogent et en cas
d'insuffisance de celui-ci à assigner cette rente sur un
bien de valeur suffisante ; on reconnut au couvent la
toute propriété et souveraineté de la maison qu'il
avait acquise à Nogent de Guyon de Verdelot, toutefois
en cas de vente à des étrangers, Blanche recouvrait
alors sur cette maison le droit de haute justice comme
elle l'avait autrefois ; les hommes de corps des religieux devaient pouvoir aller de leur plein gré et sans y
être contraints par ceux-ci moudre leur blé au moulin
de la Tétoie, appartenant au couvent, mais sur lequel
Blanche avait haute justice, les banniers des moulins
de celle-ci ne pouvaient y aller ; quant à toutes ses
autres prétentions, le couvent en était débouté (3).

(1) Les *Archives Nationales* possèdent une seconde copie de cette
donation au registre du Trésor des Chartes intitulé *Transcripta*,
J. J. (E), folios 99 et suiv. Cette seconde copie contient quelques
variantes et additions dont nous mentionnerons en note les plus importantes

(2) L'année commençait alors à Pâques.

(3) *Arch. Nat.* J. 763, n° 3.

Blanche et l'abbé de Saint-Germain acquiescèrent à
ce compromis chacun par lettres séparées et datées du
lundi après Pâques Fleuries ou des Rameaux. Ces lettres
furent elles mêmes homologuées en avril suivant 1301
par le roi Philippe le Bel et sa femme, Jeanne. On eut
sans doute besoin d'y avoir recours dans la suite car
elles furent visées par Hugues Aubryot, prévôt de Paris,
dans des lettres de *vidimus* du 25 mai 1380 (1).

Le samedi après la fête de Saint-Barnabé (juin 1301),
Blanche donna également en pure et perpétuelle au-
mône aux religieuses Clarisses le droit de faire édifier
un moulin sur leurs terres, au lieudit le Rû d'Ambrayne ;
ce moulin devait être franc, toutefois les banniers de
Blanche n'étaient autorisés à y aller qu'en cas d'acci-
dents survenus à ses moulins et durant seulement
leurs réparations (2).

Cette nouvelle concession ainsi que le compromis de
1300 sont datés de Nogent, ce qui indique que Blanche faisait au moins quelque séjour dans le château d'Artaud.

Lors du voyage que firent le roi et la reine en février
et mai 1302 à Château-Thierry et au-delà, nous voyons
que le mardi 27 février le roi et la reine couchèrent à
Jouarre et que le lendemain le roi seul resta à Nogent,
Jeanne, son épouse, alla coucher à Château Thierry (3).

Deux mois après ce passage, le 2 mai 1302, Blanche
d'Artois mourut à Paris ; elle y fit son testament, nous
dit le P. Anselme, le mardi fête de Saint-Jacques et
Saint-Philippe (1er mai 1302), sur les minuit et mourut
le lendemain. D'après les uns, elle aurait été inhumée
dans l'église du couvent de Val-Secret ; d'après d'autres,
à Essômes, mais ce fut très probablement à Saint-Denis
où l'on trouve dans la crypte de l'église une sépulture

(1) Voir pour les sceau et contre-sceau de Blanche à l'appendice.

(2) *Arch. Nat.* J. 765, n° 15.

(3) *Histoire des Gaules*, t. XXII, p. 533.

sur laquelle est l'inscription suivante : « Cy gist Blan-
« che, royne de Navarre, contesse palatine, fille messire
« Robert d'Artois, fame a Henri Ier roy de Navarre et
« après a Esmond fils dou roy Henry d'Angleterre, qui
« trespassa en l'an MCCCII le 11e iour de may, priez
« pour l'ame d'elle. »

La construction de l'église du couvent des religieuses
donna lieu à une contestation entre Adeline, première
abbesse, et Ferry, curé de l'église paroissiale. Ferry
prétendait qu'il ne devait, surtout sans son consentement préalable, s'élever d'autre église à Nogent que la
sienne. Après bien des discussions et pourparlers, en
présence de Remand, prieur de Verdelot, maître Jean,
doyen de Verdelot, Jean et Simon, chapelains à vie de
l'église de Nogent, Jean, chapelain également à vie de
la chapelle du château, Pierre Turin, de Chézy, Etienne,
maieur de Nogent, clercs, Adam dit Marchand, de
Saulchery, et Colin, fils de Jean dit Dubois, tous
témoins mandés à cet effet, on arrêta une convention
aux termes de laquelle le curé de Nogent, en son nom
et au nom de ses successeurs, abandonnait aux religieuses tous les droits de l'église paroissiale sur le
cloître et l'enceinte du couvent, bénie par l'évêque de
Soissons ; ainsi il renonçait à toute faveur et oblation
quelconque à raison des sépultures, ainsi que des pro-
diges ou miracles que Dieu pourrait susciter par ledit
cloître. En échange, il reçut deux arpents de pré situés
sous la carrière de Pavant, entre cette carrière et la
Marne et contiguës d'autre part au pré des religieuses ;
ces terres furent en sa faveur affranchies à l'avenir de
tout cens ou droit quelconque. Jean, alors abbé de
Saint Germain-des-Prés, qui avait droit de patronage
sur l'église de Nogent et avait facilité cet accord, le
confirma la veille de la Trinité 1303 (1).

(1) *Arch. Nat.* L. 780. *Gallia Christiana*, t. IX, col. 504 et t. X, col. 140.

La reine Jeanne était décédée à Vincennes le 2 avril 1304. Louis le Hutin, son fils, ratifia en 1310 les lettres patentes délivrées par son père en 1299 relatives à la fondation du couvent de Nogent (1).

Blanche, de son second mariage, avait eu deux fils, Jean et Henri de Lancastre. A sa mort, son fils aîné, Jean, sire de Beaufort, devint seigneur de Nogent. Dès 1306, celui ci fut obligé de défendre ses droits de suzerain contre les religieuses qui lui contestaient le droit de haute justice que Blanche s'était expressément réservé pour elle et ses héritiers sur les biens mentionnés en la charte de fondation de leur abbaye. Jean prit pour arbitres l'abbé d'Essômes et Jean de Tribon, bourgeois de Château-Thierry (10 juin 1306) (2).

Jean de Lancastre avait épousé vers 1312 Alix de Joinville ; ces deux époux assignèrent sur le péage de Nogent dix livres en faveur du couvent de la Barre pour le service de la rente constituée ainsi que nous l'avons vu précédemment par Guillaume II d'Acy et Mathilde (3).

Voici, d'après l'extrait d'un registre tenu par le procureur du roi au bailliage de Vitry, quelles étaient à cette époque les redevances dûes au seigneur de Nogent et les fiefs dépendant de cette chatellenie, nous citons textuellement : « Jehans de Lenquastre tient en la dicte chastellenie : premièrement le chastel de Nogent l'Artault et tout le pourprins. Item la justice toute de la ville et des appartenances excepté ce que li moine de Sainct Germain des Prez de lez Paris y ont en justice. Item la ville de Saulchery en justice. Item les hômes de Nogent en taille haulte et basse et la part au

---

(1) *Arch. Nat.* J. 765, n° 15.

(2) Ibid. L. 785, n° 15.

(3) Ce droit de péage était perçu sur les bateaux montant ou descendant la rivière et sur les marchandises qu'ils contenaient.

seigneur environ trente livres, rabattu aumosnes et fiefves. Item de Saulchery environ trois muys d'aveine de coustume. Item de cens environ vingt trois sols portant los et ventes. Item environ douze gelines et deux oyes. Item environ dix sepliés de vinage. Item les molins environ huit muis. Item le four en aumosnes et en fiefves. Item la coustume des vaches environ vingt sols et trente gelines. Item la grange dessus Nogent et les appartenances quatre vingt livres. Item environ quatre arpens de prez quarante sols. Item à Celles douze livres de terres. Item la garde de l'abbaye de Nogent. Item le fief d'Orli que Witasses de Conflans tient qui vault environ quatre vingt livres de rente. Item le fief monseigneur Guille de Verdelot à Crogy qui vault environ vingt livres. Item le fief Guille d'Aigremont environ quarante livres. Item à Sainct Bon le fief de Simon de Maaure environ douze livres. Item la dame de Laval environ dix livres. Item messire Gaultier d'Aunoy environ dix livres. Item messire Pierre Frumont environ cent sous de rente. Item le fief Jean de Courrobert environ vingt cinq livres de terre. Item au fils madame de Muissi qui tient Vaulx, et..... et..... Crogy qui vault environ quinze livres de rente sauf le plus et le moins (1). »

Jean, probablement pendant son séjour en Angleterre, dut déléguer son autorité sur Nogent à son frère Henri. Celui-ci, en effet, par lettres données à Nogent le jour de Pâques Fleuries 1320, amortit en faveur de l'église de Saint-Louis, de l'abbesse et du couvent de Nogent les maisons de Dardouret et autres héritages acquis par les religieuses, mais en s'en réservant la haute justice.

L'année suivante, par lettres datées également de Nogent le vendredi avant la Saint Nicolas, le même

---

(1) *Arch. Nat.* J. 764, n° 10.

Henri voulut bien reconnaître aux religieuses leur droit de propriété sur un moulin qu'elles venaient de faire construire à la Courcellerie (Courterie) en dehors de leurs possessions, tandis qu'elles eussent dû le faire édifier à un endroit désigné par Blanche d'Artois sur le rû d'Ambrayne (1).

Jean confirma en 1322 les lettres de fondation du couvent des Clarisses, mais ses principaux intérêts, étaient en Angleterre, où la même année il se mit à la tête des barons révoltés contre le roi Edouard II. Vaincu et fait prisonnier, il fut décapité en 1325 et son corps inhumé dans une abbaye près de Burgh.

Jean de Lancastre étant mort sans enfants, les titres et ses biens passèrent à son frère Henri. Un des premiers actes de celui-ci fut de ratifier, comme l'avait fait son frère, la donation de sa mère en faveur des religieuses (2).

Si d'un côté l'abbesse de Nogent se voyait par sentence arbitrale d'octobre 1326 dépossédée du droit de passage qu'elle percevait au bac de Charly sur les hommes et femmes de corps de son couvent, leurs bêtes, harnais et denrées (3) ; d'un autre côté, elle obtenait de Philippe VI des lettres patentes délivrées au Vivier-en-Brie (janvier 1329), par lesquelles le roi reconnaissait aux religieuses de Nogent la possession à perpétuité des biens que leur couvent avait achetés à Saulchery des nommés Guillaume et Simon de Fontaine et déclarait incessibles et insaisissables lesdits biens, qui comprenaient : 1° la maison dudit Simon avec 60 sous de cens annuel pour « los et ventes » ; 2° 66 arpents et demi et 4 perches de terre ; 3° 8 arpents 7 per-

(1) *Arch. Nat.* J. 765, n° 10.

(2) *Gallia Christiana*, t. IX, chap. LXVII, col. 139.

(3) Corlieu, *Histoire de Charly*, p. 86.

ches de pré, et 4° 53 arpents de bois valant 52 livres parisis environ de rente annuelle et perpétuelle (1).

En mars 1330, Philippe VI confirme une lettre d'Henri de Lancastre du 8 novembre 1329, par laquelle ce dernier donnait à son trésorier Geoffroy de Riclesmade 100 marcs d'esterlins de rente annuelle à prendre sur les biens de Beaufort, Soulaines, Nogent-l'Artaud (2).

Sept ans plus tard, le lundi après la « Saint-Jean Decolate » 1337, le bailli de Crécy condamnait Henri de Lancastre comme héritier médiat de Blanche à garantir aux religieuses 3 arpents de pré « scans au terrouer » de Romeny et qui étaient compris en l'acte de fondation du monastère (3).

Henri de Lancastre, pour venger la mort de son frère, s'était rallié avec d'autres barons anglais à la reine Isabelle contre le roi Edouard, et après la défaite de ce dernier à Bristol avait fait proclamer Edouard III roi d'Angleterre (1327). Il se trouvait donc très occupé de l'autre côté du détroit qu'il ne dût retraverser qu'après la déclaration de guerre entre la France et l'Angleterre et ce ne devait plus être qu'en envahisseur de notre pays qu'il dût passer à Nogent.

Cette seigneurie, comme toutes celles qui se trouvaient détenues par des Anglais, fut confisquée et réunie au domaine de la Couronne vers 1339. Elle fut donnée ensuite à vie à Ysabeau de Lorraine (4).

Ysabeau était la troisième fille de Thibaud II, duc de Lorraine, et d'Ysabeau de Rumigny, elle avait épousé (5)

(1) *Arch. Nat. Trésor des Chartes Philippe VI de Valois*, vol. 3, J. J. (66), n° 44 — Vivier-les-Ruines, canton de Rosoy-en-Brie — Beauchery, canton de Villiers-Saint Georges (Seine-et-Marne).

(2) *Arch. Nat.* J. J. (66), n° 315.

(3) *Arch. Nat.* J. 765, n° 10.

(4) *Arch. Nat.* J. 762, n° 19.

(5) *Bibl. Nat.* Fonds fr. 20194 mss. J.

en 1320 Erard de Bar, chevalier seigneur de Pierrepont, Pierrefitte et d'Ancerville, qui mourut vers 1335 (1).

En 1342, la justice se rendait à Nogent au nom de la dame de Lorraine. C'est ainsi qu'une sentence du bailli de Nogent fit droit cette année-là aux justes réclamations du chambrier de Saint-Germain, celui-ci s'étant plaint que contrairement aux conventions stipulées entre son couvent et les anciens seigneurs, un sergent au service de la dame de Lorraine, Felizot Regnault, avait désarmé son sergent et l'avait mis en prison après s'être saisi de son épée et de son bouclier, et de plus avait fait enlever les pierres servant de limites à la censive des religieux (2).

A la mort d'Ysabeau ou Ysabelle de Lorraine (20 mai 1353), Nogent fit retour au domaine royal ainsi qu'il résulte d'abord de l'intitulé d'un contrat passé en 1355 par « Jean Michel, lieutenant de Jehan de Crécy, tabellion juré en la chastellenie de Nogent l'Artaud de par le Roy », puis d'un compte de recettes et de dépenses dressé en 1356 par le receveur dudit domaine établi à Vitry ; ce compte nous paraît assez intéressant pour être reproduit en entier (2).

De 1339 ou 1340 à 1346, Nogent appartenait à Raoul, duc de Lorraine ; c'est évidemment après la mort de ce personnage, tué à Crécy en 1346, que la terre passa à sa tante Isabelle de Lorraine, veuve d'Edouard de Bar.

Le revenu de la chatellenie de Nogent dépassait ordinairement les 325 livres tournois, 10 sols, 7 deniers marqués dans ce compte (3), car outre certaines redevances en nature et le rapport de la Grange-de-Brie il y avait notamment les cens que percevaient directement

(1) P. Anselme, *Hist. généalogique.*

(2) Pièces justificatives.

(3) En 1356 la livre tournois équivalait à 8 fr. 43 et la livre parisis à 10 fr. 54 environ de notre monnaie actuelle.

les religieuses Clarisses en vertu de l'acte de fondation par lequel Blanche d'Artois leur avait attribué, comme nous l'avons vu, 400 livres tournois de rente à prendre sur la terre de Nogent; il faudrait pour le moins ajouter ces 400 livres aux 325 ci-dessus pour avoir un aperçu du rapport brut de cette chatellenie au milieu du quatorzième siècle.

Depuis le désastre de Poitiers (17 septembre 1356), la France était en grande partie occupée par les bandes anglo-navarraises Dès le mois d'octobre 1358, celles-ci s'emparèrent de La Ferté sous-Jouarre dont elles occupèrent et fortifièrent « la tour » (1). Ce fut probablement peu de temps après qu'elles prirent Nogent dont la situation sur la Marne et son château en faisaient une position stratégique ou tout au moins un abri pour les occupants. Cette occupation est mentionnée comme un fait accompli dans les chroniques de Saint-Denis, dont l'auteur constate le peu d'empressement que les nobles ou gens d'église mirent à répondre à la convocation que leur fit le régent de se trouver le 19 mai 1359 à Paris pour y discuter les propositions de paix élaborées entre les rois de France et d'Angleterre, et attribue ce manque d'empressement surtout à l'état des chemins « qui estoient empeschiés des Anglois et Navarrois qui « tenoient forteresses en toutes les parties pour les- « quelles l'on povoit aler à Paris... Et en estoit tout le « royaume semé... Les dis Anglois et Navarrois tenoient « le chastel de Meleun... Item ils tenoient la Ferté soubs « Juerre, Oysseri, Nogent l'Artaut et bien cinq ou six « forteresses sur la rivière de Marne. » (2)

Nous ignorons si le nom de Lancastre fut une sauvegarde pour les habitants de Nogent, toujours est-il que

---

(1) Chron. de Saint-Denis. *Jean le Bon*, chap. XCVIII.

(2) Chron. *Jean le Bon*, chap. CX. *Archives admin.* de la Ville de Reims, t. III, p. 178.

les Anglo-Navarrais exercèrent leurs déprédations aux environs ; c'est ainsi que les habitants de Vendières durent se racheter des Anglais moyennant une ceinture de quatre marcs d'argent (1).

Enfin, le traité de Brétigny (1360) vint apporter un temps d'arrêt à ces malheurs ; toutefois ce ne fut qu'après le retour du roi Jean en France que nos pays de Brie furent délivrés des envahisseurs et de leur suite.
« Et lors, disent les mêmes chroniques, avoit grand
« foison d'anglois et autres ès pays de Brie et Cham-
« pagne qui gastoient tout le pays, tuoient, rançon-
« noient gens et faisoient du pis qu'il povoient dont
« aucuns se appeloient la grant compasgnie. Les quels
« après ce que il soient sceu que le dit roy de France
« estoit délivré de sa prison se partirent dudit pays de
« Brie et s'en allèrent en Champagne là où ils tenoient
« plusieurs forteresses. » (2)

L'article 26 du traité de Brétigny portait que ceux de l'une ou l'autre partie qui avaient été bannis ou déshérités de leurs terres à cause de la guerre seraient réintégrés en leurs droits et biens. Le duc de Lancastre Henri II, fils d'Henri Ier, mort en 1345 et qui était un des premiers en nom parmi les signataires du traité de paix, s'empressa d'invoquer la faveur de cette clause.
« Le samedi 24° jour d'octobre 1360 le duc de Lencastre,
« monseigneur Philippe de Navarre... estoient entrés
« en la foy dudit roy de France et lui avoient fait
« homaige pour les terres que il tenoient en France
« avant les guerres des dis roys ; lesquelles terres leur
« furent toutes rendues par le dict traictié. » (3)

Henri II mourut l'année suivante 1361 ; il avait marié

_____

(1) Luce. *Histoire de Duguesclin*, t. Ier, p. 337. *Arch. Nat.* Sect. hist. J. J. 86, n° 520.

(2) Chron. *Jean le Bon*, chap. CXXXV.

(3) Ibid. chap. CXXXIV.

sa fille unique Blanche à Jehan, comte de Derby et l'un des fils d'Edouard III, roi d'Angleterre. Ce Jean devint ainsi par sa femme seigneur de Nogent, à la mort de son beau-père il prit le titre de duc de Lancastre. C'est alors qu'il donna aux religieuses de Sainte-Claire sept « septiers » de blé de rente à prendre sur sa terre de Nogent. Les lettres de vidimus de cette donation furent passées le 24 avril 1364 ou 1365 sous le scel aux contrats de Nogent dont était garde pour le duc de Lancastre un nommé Jacques Courtoys (1).

Aux malheurs de la guerre vint s'ajouter l'année suivante (1362) pour les riverains de la Marne et par conséquent pour les habitants de Nogent une autre calamité. Les 20 et 21 avril, les vignes gelèrent « par « toute la France... Laonnois, etc... et en la rivière de « Marne par telle manière que ceste année ne crust « point de vin ès dit pays ne ès pays voisins. » (2)

Nogent ne fut plus que quelques années encore la propriété des Lancastre. Jean, à la reprise des hostilités entre la France et l'Angleterre (1369), débarqua à Calais et parcourut le pays jusqu'à Thérouanne et Aire en mettant tout à feu. Ce fut alors que Charles V confisqua à nouveau les propriétés du duc anglais, et le 10 juillet 1369 donna la terre de Nogent, mais à vie seulement, à « Jehan de Meleun » (Melun), comte de Tancarville (3). Ce comte était un des preux chevaliers, qui avaient été faits prisonniers à la bataille de Poitiers avec le roi Jean ; son nom figurait parmi ceux des signataires français du traité de Brétigny.

Le désarroi était tellement grand à cette époque que, malgré cette confiscation et le don fait au comte de Tancarville, les habitants de Nogent étaient l'année

(1) *Arch. Nat.* J. 765, n° 15.
(2) Chron. *Jean le Bon*, chap. CXXXVI.
(3) *Arch. Nat.* J. 762, n° 19.

suivante (1370) désignés sous le nom de manans et justiciables du duc de Lancastre dans des lettres royaulx en vertu desquelles un sergent royal ajournait devant le Prévôt de Paris les dits habitants qui se refusaient à payer à l'abbé de Saint-Germain-des-Prés une redevance de 66 sous tournois appelée « Le Pasté (1) à l'abbé » (2).

Cependant le comte de Tancarville chargeait en 1370 deux de ses officiers de vérifier une réclamation de l'abbé de Saint-Germain touchant la rente de 100 sous due sur le four de Nogent (3). Cette rente, comme nous l'avons vu plus haut, avait été concédée aux religieuses par le compromis de 1300. Déjà sur ce même four les religieuses Clarisses avaient une rente de 25 livres et les chapelains une de 15 d'après une variante de l'acte de fondation du couvent de Nogent.

Jusqu'alors les religieuses, si elles eurent à souffrir comme tout le monde pendant ces troubles des réquisitions de l'ennemi, ne furent pas encore contraintes d'abandonner leur couvent ; leur abbesse, Jeanne VI de Ferrières, y fit dire en 1380 des prières pour le repos de l'âme du roi Charles V, qui venait de mourir (4).

Сн. L.

---

(1) Ce mot provient sans doute de *partis*, qui signifiait contribution dont on était convenu.

(2) *Arch. Nat.* Cartulaire de Nogent, L. L. 1082.

(3) Ibid.

(4) *Arch. Nat.* J. 465, n° 35.

CHAPITRE III

Depuis la Donation de la Châtellenie jusqu'à la mort de Jean de Louan (5 Mai 1500). — Seigneurs de Nogent, de 1381 à 1512.

Le comte de Tancarville étant mort en 1381, Charles VI par lettres délivrées à Vincennes, le mardi 16 mars 1381, donna à son oncle Philippe le Hardi, duc de Bourgogne, les châteaux, châtellenies et villes de Beaufort, Nogent-l'Artaud, Larzicourt et Soulaines. Les dépendances de ces châtellenies comprenaient les rentes, revenus, terres, prés, étangs, forêts, rivières, bois, grueries, garennes, moulins, fours, censives, coutumes, tailles, hommes et femmes de corps, abonnements, mainmortes, corvées, fiefs, arrière-fiefs, noblesse, seigneuries, souveraineté, etc., ainsi que la haute, moyenne et basse justice.

Le samedi suivant (20 mars), le duc de Bourgogne fit hommage au roi pour ces châtellenies ainsi que le constatent des lettres royaux datéés de Vernon ce même jour (1).

(1) *Arch. Nat.* J. 763, n° 14. Chroniques de Saint-Denis. Chron. de Charles VI, chap. IV, liv. 25.

Le nouveau seigneur n'était pas seul haut justicier à Nogent, le couvent de Saint Germain des-Prés l'était également ainsi que nous l'avons déjà vu ; aussi les abbés avaient-ils soin d'accomplir en temps voulu leurs devoirs de vassaux envers le roi de France, afin de conserver intacts leurs droits seigneuriaux. C'est ainsi qu'un de ces abbés, Richard, fit, le 26 janvier 1384, l'aveu et le dénombrement ci-après des biens de son abbaye à Nogent : « une maison, une grange devant la porte de ladite maison, justice haute, moyenne et basse sur ses hommes, 100 sous de rente sur le four de la ville, 4 livres de rente sur un petit moulin, des dîmes et champarts (1) de terre d'un revenu de 8 muids de vin environ, une grange sur la hauteur dite la Grange aux Moines, avec 160 arpents de terre, un petit étang et une garenne, le tout d'une valeur locative de 120 livres et exploité par le chambrier, les dîmes de vin qui pouvaient produire environ 6 queux (2), 20 livres de cens et rentes, environ 400 arpents de bois ou bruyères dont la coupe pouvait rapporter l'un dans l'autre 3 sous l'arpent, de plus certains droits de mortemains et formariages » (3).

Nous ignorons à quelle époque précise et comment le duc de Bourgogne cessa d'être seigneur de Nogent, nous supposons qu'il en perdit la propriété aussi facilement qu'il l'avait obtenue de la jeunesse de son royal neveu. Celui-ci ayant atteint en 1388 sa vingtième année, voulut prendre en mains les affaires de l'Etat et profita sans doute du mécontentement que cette réso-

---

(1) Redevance foncière consistant dans une certaine quotité de fruits qui se recueillaient sur la terre grévée de ce droit seigneurial. C'était le 1/4, le 5ᵉ ou le 20ᵉ de la récolte.

(2) Ancienne mesure de capacité pour les vins, variable selon les pays : en Champagne elle équivalait à 266 litres.

(3) *Formariage*, droit payé au seigneur pour un mariage contracté en dehors de la seigneurie.

lution causa à ses oncles pour leur reprendre les biens qu'il leur avait donnés et en gratifier ses favoris. Toujours est-il que Nogent en 1389 appartenait à Charles de Châtillon, fils de Jean Ier de Châtillon, seigneur de Gandelu, et de sa seconde femme Ysabelle de Montmorency, que Charles de Châtillon commit le 13 juin de cette année à l'administration de l'hôpital de Nogent, Jean de Chaumont et Jeanne, sa femme, en remplacement des époux Jean d'Aubigny, tous deux décédés (1). Quelques années plus tard (1397), Charles de Châtillon consentit un accord avec les religieux de Saint-Germain relativement à une maison de Nogent (2), enfin, le 20 juin 1401, il adressa au roi son aveu et dénombrement conjointement avec l'abbé de Saint-Germain, chacun agissant comme seigneur en partie de Nogent (3).

Après la mort de Charles de Châtillon, survenue en 1401, et celle de Philippe de Bourgogne le 27 avril 1404, Nogent dut faire retour au domaine royal, car le 9 juin suivant Charles VI en disposa en faveur de son cousin le roi de Navarre, non seulement à vie mais « pour lui, ses hoirs, successeurs et ayant cause de lui au temps advenir ». Nogent était compris parmi divers villes et châteaux érigés par le don royal en duché pairie sous le titre de duché de Nemours et sur lesquels étaient assises douze cents livres de rente que le roi concédait à son cousin en échange des possessions de ce dernier en Normandie (4).

Nogent dépendait du bailliage de Vitry et son seigneur devait hommage au châtelain de Château-Thierry,

---

(1) Archives de M. le comte de Kérouartz.

(2) *Arch. Nat.* Fonds Saint-Germain. Cartulaire de Nogent. L. L. 1082, 30.

(3) Arch. de M. le comte de Kérouartz.

(4) *Arch. Nat.* J. 763, n° 6.

alors Louis d'Orléans, qui avait reçu cette châtellenie en apanage suivant lettres de Charles VI du mois de mai 1400 (1).

Charles de Navarre, dont toutes les autres terres formant le duché de Nemours relevaient directement du roi, prétendit qu'il devait en être de même pour Nogent et voulut se soustraire à l'hommage dû à Louis d'Orléans. Celui-ci fit saisir la terre de Nogent ; toutefois, à la demande du roi de Navarre qui en avait référé au roi de France, il accorda en attendant la décision royale des lettres patentes de souffrance datées de Montargis le 19 octobre 1404 (2).

Charles de Navarre avait prié le roi de lui accorder une autre terre en échange de celle de Nogent ou tout ou moins la faculté de vendre celle-ci. Cette faculté lui fut accordée le 29 juillet 1405 à charge par lui d'employer le prix de vente en l'acquisition d'une autre terre de même valeur et condition et dont le roi de France aurait l'hommage direct (3). Le roi de Navarre en cédant le 30 novembre suivant au duc d'Orléans la châtellenie de Nogent, moyennant 2,000 livres tournois que celui-ci lui paya comptant, s'engagea à faire l'emploi ordonné par le roi ou à obtenir de ce dernier la ratification de cette cession (4).

Cette acquisition était assez avantageuse pour le duc d'Orléans, la recette de Nogent se montant alors à 263 livres 9 sous 9 deniers, suivant le compte dressé l'année suivante par Denis de Poincy, receveur du domaine dudit duc (5) ; il est vrai qu'en dehors des dépenses qui ne s'élevaient cette année-là qu'à 20 sous

(1) *Arch. Nat.* J. 763, n° 5.
(2) Ibid. J. 762, n° 20.
(3) *Arch. Nat.* J. 762, n° 7.
(4) Ibid.
(5) Ibid J. 762, n° 14, et J. 765, n° 7.

tournois, il y avait à payer pour le compte des fiefs et aumônes 26 livres 19 sous : parmi ces aumônes figurait sans doute le paiement de la rente à faire sur le péage de Nogent en faveur des Religieuses du couvent de La Barre de Château-Thierry. Aussi, le 9 novembre 1407, Louis d'Orléans enjoignait à son conseiller Jehan le Flament de faire délivrer à ces religieuses par son receveur de Château-Thierry la somme de 100 sous par an avec les arrérages dûs pour les années passées depuis qu'il était seigneur de Nogent, ce qu'acceptèrent les religieuses bien qu'elles prétendissent que leur droit sur ce péage fut de 10 livres de rente. Cette rente leur fut continuée sous Valentine de Milan (14 octobre 1408) et sous son fils Charles d'Orléans (29 mars 1410) (1).

Louis d'Orléans était à peine depuis deux ans seigneur de Nogent, lorsqu'il mourut, victime du guet-apens de Jean, duc de Bourgogne, à la porte Barbette, le 23 novembre 1407 (2). Sa veuve, Valentine de Milan, qui se trouvait à Château-Thierry, s'empressa aussitôt qu'elle apprit ce malheur de conduire ses enfants au château de Blois (3) : c'étaient Charles, duc de Valois, qui prit alors le titre de duc d'Orléans, Jean, comte d'Angoulême, et la princesse Marguerite.

Valentine fit le 3 janvier 1408 hommage au roi de France en qualité de tutrice de ses enfants mineurs à raison des duché d'Orléans, comtés de Valois et de Blois, ainsi que des châtellenies de Nogent l'Artaud et Gandelu (4).

Quelques mois plus tard, à l'instigation du duc de Bourgogne, le roi fit saisir les biens des jeunes princes d'Orléans, qui eurent encore la douleur de perdre leur

(1) *Arch. Nat.* J. 764, n° 9.
(2) Annales de la Société (1879-80), p. 67.
(3) Cousinot. *Gestes des Nobles*, chap. LXXXXIV.
(4) *Arch. Nat.* J. 754, n° 20.

mère le 4 décembre de la même année 1408. Mais Charles VI, qui avait marié sa fille Isabelle à Charles d'Orléans, mû sans doute par le sentiment parternel, s'intéressa aux orphelins, fit déclarer majeur son gendre alors âgé de 18 ans, lui donna la tutelle de ses frère et sœur et fit réconcilier ces princes avec le duc de Bourgogne dans la réunion de Chartres (mars 1409) (1). La saisie des biens fut levée et des lettres du roi données à Auxerre le 22 août 1412 reconnurent l'hommage fait par le duc d'Orléans pour les terres de Gandelu et de Nogent (2).

Charles d'Orléans perdit le 13 septembre 1407 sa femme Isabelle, morte en couches (3), et épousa l'année suivante une fille du comte d'Armagnac.

La réconciliation de Chartres n'avait été qu'apparente ; les princes d'Orléans avaient à cœur de venger la mort de leur père ; dans ce but ils s'allièrent aux ducs de Berry, de Bourbon, de Bretagne, ainsi qu'au comte d'Armagnac.

Chaque parti, soit bourguignon, soit armagnac n'hésita pas à faire intervenir l'étranger suivant ses besoins ; Nogent, comme toute la France, ressentit le contre-coup de cette querelle ; naturellement ses habitants devaient être pour leur seigneur, le duc d'Orléans ; cependant un d'eux, un notable, puisque dans plusieurs actes de 1407 et 1410 il est désigné sous le titre de « juré establi en ladicte prévosté de par monseigneur le duc », Oger de Moncel, tenta de livrer la place aux Bourguignons, mais il en fut puni par Regnauldin du Pont, capitaine aux ordres du duc, qui le fit noyer (4).

---

(1) *Gestes des Nobles*, chap. C et CI.
(2) *Arch. Nat.* J. 764, n° 20.
(3) *Gestes des Nobles*, chap. CIII.
(4) *Arch. Nat.* J. 764, n°ˢ 9 et 11.

Jean de Chaumont et sa femme, à qui nous avons vu Charles de Châtillon confier l'administration de l'hôpital de Nogent, se démirent en 1411, pour cause de vieillesse, de leurs fonctions en faveur de Thomas Pinayot et d'Ysabeau, sa femme. Ceux-ci furent agréés du duc d'Orléans à la sollicitation des habitants.

Charles d'Orléans fait prisonnier à Azincourt (1415), avait été emmené en Angleterre ; ce fut pendant cette captivité que Jean, duc de Bedford, régent de France au nom d'Henri VI, prétendant que les châtellenies de Nogent et de Vertus avaient par suite des guerres et divisions fait retour à la Couronne de France, enjoignit le 13 septembre 1434, au nom dudit Henri « roi de France et d'Angleterre », au receveur de Vitry de faire « recepte et despence » de ces châtellenies (1).

L'effet de cette injonction du vainqueur cessa avec le départ des Anglais ; ainsi en 1436, 1439, etc., les prévôt, receveur et autres officiers établis à Nogent exerçaient au nom du duc d'Orléans, encore prisonnier en Angleterre. Dans les actes Pierre La Rammée s'intitulait « prévôt de Nogent-l'Artaud pour noble et puissant prince monseigneur le duc d'Orléans, comte de Vertus, de Blois et de Beaumont, seigneur de Coucy ». Le 18 décembre 1436, Jean Ogier, receveur des châtellenies de Nogent et Gandelu pour Charles d'Orléans, représentait ce prince dans le partage d'héritages situés à Saulchery et indivis entre ce dernier et un nommé Mantel ; le prévôt de Château-Thierry, Pierre Coutan, qui présidait à ce partage, avait nommé pour la confection des lots et les attributions Jacques Radel, sergent à cheval du roi à ladite prévôté ; la désignation de ces héritages nous montre qu'alors le « grand chemin royal » passait à Saulchery, qu'il existait à l'église de

____

(1) *Arch. Nat.* J. 763, n° 7.

Charly une confrérie du Saint-Sacrement, et qu'il y avait déjà dans ces localités des noms de famille bien connus de nos jours, tels que ceux des Nitot, Gratiot, Figuet, Henry, Mantel, etc. (1)

Le duc d'Orléans était également seigneur haut justicier à Saulchery et comme tel y possédait des fiefs, arrière fiefs et censives redevables de « certains constes de grains », mais plusieurs des héritages composant ces fiefs étaient mal entretenus, tombaient en ruines et n'offraient plus par conséquent de garantie suffisante pour le paiement des droits seigneuriaux. Aussi pour remédier à cet état de choses, le 14 août 1442, Pierre Le Camus, lieutenant à Nogent du gouverneur et bailli de Valois pour le duc d'Orléans, assigna à comparaître devant lui les détenteurs de ces héritages, ainsi que d'autres qui n'avaient pas de titres réguliers ou ne payaient plus les droits dûs (2).

Certains offices exercés à Nogent au nom du duc d'Orléans étaient concédés à bail, ce bail était souvent même obtenu à la suite d'adjudication publique.

La mairie de Saulchery était louée en 1442 pour deux ans à Symon Josse, « demeurant à Roumeny-sur-Marne lez Nogent », à raison de 8 livres par an, payables en 3 paiements égaux aux mains du receveur de Nogent. Le titulaire devait tenir écriture des cens, rentes et autres redevances appartenant au seigneur, les percevoir, faire à ce sujet toutes enquêtes nécessaires et, en cas de refus de paiement ou opposition, le procureur du duc exerçait les poursuites aux frais dudit seigneur (3). Deux ans plus tard, le bail de cette mairie fut adjugé aux enchères. Le procès-verbal de ces en-

___

(1) *Arch. Nat.* J. 764, n° 11, 2ᵉ pièce.

(2) *Arch. Nat.* Ibid. 1ʳᵉ pièce.

(3) Ibid. J. 763, n° 8.

chères (19 juillet 1444) nous indique quels étaient alors les officiers du duc à Nogent et nous apprend que la location des terres n'était pas recherchée, la cause en étant sans doute due à l'état précaire du paysan, qui avait à redouter les incursions continuelles des Anglais, Bourguignons ou des autres bandes.

Les officiers du seigneur de Nogent présents à ces enchères étaient : Pierre de Ribemont, receveur du duc d'Orléans à Nogent, Pierre Le Camus, lieutenant à Nogent du bailli et gouverneur du Valois et garde des sceaux de la prévôté de Nogent, Symon Josse, substitut du procureur du duc et tabellion juré audit Nogent, Jean Carré, lieutenant du maître des Eaux et Forêts, Jean Chervigez, sergent du duc à Nogent.

L'affermage des lots composant ces enchères était fait pour deux années, « de la Madeleine 1444 à la Madeleine 1446 », sauf quelques exceptions. Le premier, composé de 177 arpents de terre situés en plusieurs pièces et dépendants du château, ne put être mis à prix parce que la plupart de ces terres étaient en bois. Il en fut de même pour 256 arpents de terre « avec la grange ou masure du seigneur (1) », pour 5 arpents « à la Friterie (2) » et pour une pièce de vignes au « tierpot (3) », cette dernière parce qu'elle était en haies et buissons. Une maison située devant le château de Nogent et habitée précédemment par le traité Ogier du Moncel, dont il a été question plus haut, ne trouva pas locataire parce que c'était une masure.

Furent ensuite adjugés : les siège et exploits de la prévôté et les « amandes qui en yssent » de 60 sous tournois de la ville de Nogent à Symon Josse, au prix de 19 livres 4 sous tournois ; la mairie de Saulchery avec

---

(1) Actuellement la ferme de la Grange.
(2) Id. la Ferroterie.
(3) Lieudit inconnu.

les cens et droits en dépendant à Jean Lallemand,
moyennant 10 livres tournois ; le passage du bac de
Nogent à Jean Sévin, 24 sous parisis ; le four bannier à
Gervais Porel, 8 livres tournois ; l'avalage et passage
des bateaux montant ou descendant au pertuis de No-
gent à Jehannart, 40 livres tournois ; le four Clément
Mariotte « à cuire pain boullangis et non autre » à
Gervais Porel, 60 sous tournois ; tous ces lots étaient
adjugés aux prix ci-dessus pour les deux ans. Le four
Mariotte avait été loué en 1442 à Jean Brunel à raison
de 20 sous tournois par an suivant contrat de Symon
Josse, il y avait donc eu plus-value de 10 sous par an.

Les fossés en dehors de la poste de Marne ne furent
pas mis à prix parce que le capitaine de Nogent s'en
servait et y mettait du poisson.

Un quartier de pré situé sur le bord de la Marne ne
trouva pas d'amateur.

Furent encore adjugés pour deux ans : les fruits « et
esboutures des arbres » et bois sur les terres de la ferme
de la Grange à Jean Carré, 10 sous tournois ; le rouage
de Saulchery à Pierre Guérinet, 12 sous parisis (ce
rouage consistait dans le droit à percevoir par chariot
à quatre roues, 4 deniers tournois ; par charette, 2 deniers, quand ces véhicules étaient chargés de vin à
mener hors de ladite ville, et en cas de refus de paiement de ces droits à toucher l'amende de 60 sous tournois, dont moitié revenait au seigneur et moitié appartenait au fermier) ; les écritures, scel et registre du
tabellionage de Nogent à Symon Josse, 20 sous tournois ; la clergie (1) des bailliage et prévôté de Nogent
avec la clergie de la mairie de Saulchery au même,
15 sous tournois.

La dépouille des fruits et des arbres situés dans les

---

(1) Clergie, greffe d'une juridiction.

îles « au Pont » et plus bas, vers Saulchery, eut preneur pour six ans, moyennant un loyer annuel de 10 sous tournois.

Les quatre derniers lots se composaient du bail de plusieurs pièces de terre situées sur le rû d'Ambraine, sous la tour de Nogent, au fossé d'Aiguillon et au rû Jean, la location de ces trois dernières pièces devait être payée en nature, en grains (1).

Charles d'Orléans avait enfin été rendu à la liberté en 1440 ; Philippe de Bourgogne, fils de son mortel ennemi, pour faire cesser la lutte entre sa famille et celle d'Orléans, l'avait aidé à payer sa rançon qui était de trois cent mille écus, et pour cimenter cette réconciliation lui avait fait épouser une nièce de la duchesse de Clèves, sa sœur (2).

Quelques années après son retour en France, Charles se décida à faire le partage des biens qui étaient indivis entre lui et sa sœur Marguerite d'Orléans, veuve alors depuis 1438 de Richard de Bretagne. Celui-ci avait épousé Marguerite en 1420, contre le gré du duc d'Orléans et à l'instigation du régent qui lui avait alors donné le comté d'Etampes (3).

Charles donna à sa sœur, en représentation de ce qui pouvait revenir à celle-ci dans la succession de leurs parents et de leur frère, Philippe d'Orléans, en son vivant comte de Vertus, dix-huit cents livres tournois de rente annuelle et perpétuelle. Il lui abandonna, pour la remplir de ses droits jusqu'à concurrence de cinq cents livres de rente, les comtés de Vertus et les seigneuries de Gandelu, Nogent l'Artaud et Luzarches, avec toutes leurs dépendances. Pour les treize cents

(1) *Arch. Nat.* J. 764, n° 11, 2ᵉ pièce.

(2) Mézerai, *Histoire de France.*

(3) *Gestes des Nobles,* chap. CXC.

livres de rente de surplus, il s'engagea à lui en garantir le capital sur ses biens meubles et immeubles et à lui en faire payer les arrérages par son receveur d'Orléans. Il promettait également à sa sœur de lui donner une des maisons qu'il possédait à Paris avec les jardins y attenant. Le partage des autres biens, tels que le duché de Luxembourg, les comtés de Périgord et d'Ast, était remis à plus tard en attendant l'estimation qui en était confiée à deux prud'hommes.

Ce partage, qui fit passer la seigneurie de Nogent dans les mains de Marguerite d'Orléans, comtesse d'Etampes, fut signé le vendredi 15 juin 1445 devant Jehan Quignon et Jehan Lemaire, notaires au Châtelet de Paris, en présence du comte d'Angoulême, de l'archevêque de Reims, du comte de Dunois, etc. (1)

Ce fut à partir de cette époque que le sceau de la châtellenie de Nogent fut représenté par un écu en losange parti fleurs de lis, parti d'hermines, les armes d'Orléans alliées à celles de Bretagne (2).

Aussitôt dame de Nogent, Marguerite, rendit son hommage au roi de France, son suzerain, à cause de Château-Thierry faisant alors partie du domaine royal. Charles VII reconnut cet hommage par lettres datées de Sarry lès Châlons le 28 juillet 1445 (3). De son côté, la dame de Nogent reçut les hommages qui lui étaient dûs à raison de sa nouvelle châtellenie et fit valoir ses droits contre les possesseurs de fiefs oublieux de leurs devoirs.

De Nogent dépendaient « d'ancienneté » certains fiefs tels que ceux d'Aigremont à Château-Thierry, de la mairie de Saulchery, de la Cour à Orly et d'autres situées à Verdelot, Crogy, etc.

(1) *Arch. Nat.* J. 764, n° 19.
(2) *Arch. Nat.* K. 1.151.
(3) Id. J. 764, n° 20.

En ce qui concerne celui d'Aigremont, nous avons vu au chapitre premier qu'Artaud donna à sa femme des biens situés à Château-Thierry et aux environs, plus tard ces biens furent sans doute concédés par les successeurs d'Hodierne, sous réserve de redevances et droits féodaux, ils nous apparaissent pour la première fois sous le titre de fief d'Aigremont dans un dénombrement fait par Jean de Lancastre. Il nous faut arriver au xvᵉ siècle pour avoir des renseignements plus précis sur l'étendue et la valeur de ce fief. Pierre de Chailly, écuyer, en était détenteur en 1445, il en rendit hommage à la dame de Nogent, qui lui en donna acte le 22 juillet de la même année (1), trois mois après le 4 octobre, suivant l'usage, il en fit l'aveu et le dénombrement (2). De ce dénombrement il ressort que ce fief se composait : 1° des cens de maisons et héritages situés à Château-Thierry, près les églises Saint-Martin et Saint-Crépin, dans les lieuxdits *le Vivier, dessous le Chastel, les Degrez, dessous la Tour, le Palion, les Plantes, la Barre* ; tous les cens de cette partie du fief, qui valaient ensemble environ 30 sous une obole ou maille, étaient payables chaque année au mois d'octobre en l'église Saint-Martin ; 2° du cens payable le même jour à Brasles, appelé le *Cens de Ruly*, et valant 2 sous une obole ; 3° des *Vingnages*, c'est-à-dire des droits perçus en nature sur des vignes et des maisons situées à Château-Thierry, aux lieuxdits : *les Meurs, dessous Saint-Martin, le Vivier, dessous Saint-Crépin* et rapportant environ par an 19 setiers, 7 pintes de vin. Tous les héritages déclarés dans ce dénombrement devaient les « *ventes et amendes* » quand il y avait lieu, lesquelles pouvaient s'élever à 30 sous tournois par an. Toutes les maisons situées à Château-

(1) *Arch. Nat.* J. 764, n° 11 *bis.*
(2) Ibid. D. n° 10.

Thierry et tenues à cens par ledit écuyer de Chailly ne devaient aucune redevance au roi. Ce fief comprenait encore quelques hommes et femmes de corps, de plus il était lui-même suzerain d'un arrière-fief situé sur les territoires de Blesmes, Chierry et Château-Thierry et qui pouvait valoir 100 sous tournois par an pour la dame de Nogent.

Le 11 janvier 1446, Marguerite recevait de Prymus de Montomer, seigneur de Crogy (1) et vicomte de Nogentel, l'hommage du fief que ce vassal tenait de sa femme Anastasie de Verdelot, fille de Raymond de Verdelot, en son vivant seigneur de Crogy. Ce fief comprenait : 1° la haute, moyenne et basse justice de la ville de Crogy, ce qui pouvait rapporter par an 5 sous tournois ; 2° la taille sur les habitants de ce pays estimée 12 livres tournois, mais ne rapportant plus alors que 27 sous tournois 6 deniers ; 3° et enfin une redevance d'un setier d'avoine dû par chaque habitant, mais qui n'existait plus que de nom (2).

Quant au fief de la Cour à Orly (3) possédé sous Jean de Lancastre par Witasses ou Eustache de Conflans, puis ensuite par Madame de Laval et en dernier lieu par Madame d'Attichy, personne n'en avait fait hommage, aussi Marguerite l'avait-elle fait saisir pour défaut d'hommage et « autres droits et cens non faiz et deus ». De son côté le roi de France avait également fait saisir ce fief sous prétexte qu'une partie d'Orly dépendait du bailliage de Meaux et de la châtellenie de Coulommiers, mais sur les productions de pièces faites par le procureur de Marguerite, notamment de son dénombrement de la terre de Nogent, il fut reconnu que ce fief dépen-

---

(1) Crogy, hameau près Essômes.

(2) *Arch. Nat.* J. 764, n° 11 *bis*, 11ᵉ pièce.

(3) Orly, commune du canton de Rebais (S.-et-M.).

dait de Nogent et formait arrière fief du roi à cause de Château-Thierry, aussi mainlevée de la saisie royale fut-elle donnée à Coulommiers le 7 novembre 1446 (1). Ce fief consistait en un « ostel, maison, terres, prés, bois, moulins, rivière, cens, rente, appartenences et dépendences assiz à Orly et au travers d'environ ». Dans ce fief se trouvait une chapelle dédiée à Saint-Quentin et à laquelle certaines réparations furent faites en 1475 et 1476. La note de ces réparations nous apprend que le plâtre valait 8 sous parisis le muid ou 2 sous parisis le cent et demi, le mille de tuiles 20 sous parisis et le cent de clous à latter 6 deniers (2).

En 1444, Marguerite institua à Nogent même un bailli dont Pierre Le Camus fut le lieutenant. Ce bailli était M⁰ Jean Symon, licencié ès lois et avocat au parlement. Ce choix d'un jurisconsulte était probablement motivé par les nombreuses revendications que la dame de Nogent se trouvait obligée d'exercer contre ses vassaux et sujets et les décisions judiciaires à rendre : ainsi tantôt c'était une ordonnance contre un habitant de Saulchery qui refusait de payer les droits de lots et ventes, sous prétexte que l'époque de réméré de la vente pour laquelle on réclamait ces droits, n'était pas encore échue, qu'il n'y avait qu'un prêt fait sur ces biens (13 novembre 1445), tantôt autre ordonnance motivée par le refus de paiement des cens et surcens et prescrivant la saisie des biens litigieux (18 juillet 1446), tantôt enfin mandement plus général du 26 juin 1448 ordonnant la saisie de tous les fiefs, cens, rentes ou héritages vacants désignés par le procureur de la comtesse dans les châtellenies de Nogent et Gandelu, pour défaut d'hommage, de dénombrement, etc. (3)

(1) *Arch. Nat.* J. 764, n° 11 *bis*, 10ᵉ pièce.
(2) Ibid. J. 765, n° 16.
(3) Ibid. J. 764, n° 11 *bis*, 13ᵉ, 12ᵉ et 9ᵉ pièces.

La cause de ces contestations provenait du relâche-
ment de l'autorité seigneuriale pendant la captivité de
Charles d'Orléans et la guerre contre les Anglais ou les
Bourguignons ; pendant ces époques de troubles on ne
payait plus ou bien difficilement au seigneur les droits
de mutation ou de vente ; pour y remédier le lieutenant
du bailli de Nogent rendit le 29 juillet 1450 une ordonnance enjoignant aux habitants de Nogent et à ceux de
Gandelu de faire déclaration de leurs biens et de montrer leurs titres de propriété, sous peine de 60 sous
d'amende (1).

D'après un acte de 1464, voici quels étaient à Nogent
les droits dont se prévalait Marguerite d'Orléans, qui
s'intitulait comtesse d'Etampes et de Vertus, dame de
Cliçon et de Nogent : haute, moyenne et basse justice,
bailli ayant connaissance des causes d'appel, scel authentique, tabellion, jurés, prévôts et sergents pour
rendre la justice et en faire exécuter les décisions,
hommes et femmes de corps taillables par an de taille
haute et basse à volonté, redevables de formariage et
mortemain le cas échéant ; ainsi tout individu de n'im-
porte quel pays ou nation qui venait habiter Nogent
ou dans son ressort, quelle que fût sa franchise ou ser-
vitude, à moins qu'il fût noble ou clerc ou bien homme
ou femme de corps du chambrier de Saint-Germain-
des-Prés, devenait taillable de la dame de Nogent ; si
cet individu venait à se marier puis décédait sans laisser
d'enfants de ce mariage, ses biens passaient à son survivant comme biens de mainmorte et comme tels
devaient revenir au seigneur à la mort dudit survivant.
Les hommes ne pouvaient se marier à des femmes
d'autre condition que la leur sans la permission du
seigneur, sous peine d'amende et de payer droit de

(1) *Arch. Nat.* J. 764, n° 11 *bis*, 5ᵉ pièce.

formariage ; les enfants mâles nés à Nogent ou y habitant ne pouvaient prendre ni porter tonsure de clerc sans la même permission, sous peine de 60 sous d'amende, de faire disparaître leur tonsure et d'être privés des privilèges attachés à l'état de clerc (1). L'un de ces privilèges, qui paraissait très recherché, était l'exemption de la taille.

Le montant de cet impôt à Nogent était réparti tous les ans en présence des officiers du seigneur pour trois *asseieurs* qui prêtaient serment après avoir été élus par les habitants taillables. La taille partait de la Saint-Remy, c'est-à-dire du 1ᵉʳ octobre, l'assiette en était dressée généralement dans le courant de ce mois et le rôle rédigé par le tabellion.

En 1445, elle rapporta 60 sous 9 deniers tournois sur lesquels il y eut à prélever 10 deniers tournois pour l'écriture et 6 sous tournois pour le « coletage » à faire ladite assiette ; le nombre des taillables était de 21 hommes et de 7 femmes. L'année suivante elle rapporta 63 sous 4 deniers tournois, sauf les frais à déduire.

Chaque année il y avait des réclamations ; en 1446, le lieutenant est obligé d'assigner devant le bailli les taillables récalcitrants et de les menacer de confiscation de leurs biens (2).

En 1448, elle n'atteint que 52 sols 9 deniers tournois desquels il faut déduire d'abord 17 sous 3 deniers pour les tailles que des nommés Jean Brunel, Pierre Brischot, Jean Carré, Jean Delamare et Simon Le Boulyart se refusaient à payer se disant nobles ou clercs, puis 8 sous dépensés par les asscieurs, dont 4 pour le salaire du clerc, 2 pour l'écriture et 2 pour le sergent chargé de contraindre les parties à venir faire leurs déclara-

(1) *Arch. Nat.* J. 764, n° 11 *bis*, 3ᵉ pièce.
(2) Ibid. J. 764, n° 22.

tions. Il restait donc à la dame de Nogent 27 sous
6 deniers, qu'elle devait encore partager par moitié
avec les dames Cordellières de Nogent (1).

Le 17 juillet de cette même année, comparut devant
le bailli une nommée Gillette qui, du consentement de
son mari Jean Lamoureux, se reconnut femme de corps
de la dame de Nogent et s'engagea à payer à l'avenir sa
part de 12 deniers tournois dans la taille, grâce lui
étant faite des tailles arriérées (2).

En 1450, la taille devait produire 57 sous 10 deniers
tournois, mais par suite du refus des mêmes opposants
qu'en 1448 et des frais, elle ne rapporta que 32 sous
5 deniers, à partager entre la châtelaine et le couvent
des religieuses (3).

Nous venons de voir cinq habitants se refuser à payer
la taille sous prétexte qu'ils étaient nobles ou clercs.
Nous ignorons si leurs prétentions furent reconnues
légitimes. Quelques années plus tard, quatre pères de
famille pour exempter leurs fils de la taille les firent
tonsurer sans l'agrément de la comtesse. Celle-ci
s'adressa au roi et obtint des lettres royaux du 11 avril
1464 ordonnant à ces parents de faire disparaître la
tonsure de leurs enfants, sous peine de 60 livres
d'amende ; un sergent royal se rendit le 2 juin suivant
à Nogent où il assigna les parties à comparaître devant
lui en la halle, pour entendre lecture de ces lettres. Les
parties comparurent en personne, sauf la dame de
Nogent par son procureur : les pères de famille maintinrent leur opposition et déclarèrent qu'ils allaient en
appeler au parlement ; nouvelles lettres royaux du
21 juin, nouveau sergent royal se transportant le 7 juillet

(1) *Arch. Nat.* id. n° 6.
(2) Id. n° 11 *bis*, 1re pièce.
(3) *Arch. Nat.* J. 764, 11 *bis*, 4e pièce.

à Nogent... Le représentant de la châtelaine, Jean Gruyer, demanda l'exécution pure et simple de ces lettres, malgré l'appel des opposants, alors le sergent royal, au nom du roi, fit commandement aux défenseurs sous peine de 100 livres d'amende d'avoir à retirer la tonsure de leurs enfants ; nouvelle opposition des parents reçue cette fois par le sergent, qui assigna ceux-ci à comparaître en l'auditoire au Palais, à Paris, le samedi après la Saint-Martin d'hiver. A l'audience du 21 novembre, Jean Delamotte se présenta seul pour la comtesse, les défenseurs firent défaut. Toutefois les commissaires des Requêtes, malgré les conclusions du procureur de la dame de Nogent, ajournèrent à nouveau les défendeurs (1). Qui eut définitivement gain de cause ? Les pièces nous manquent, mais nous inclinons à croire que ce fut la comtesse, car l'année suivante un autre habitant, Guillemin Ogier et son fils François, furent assignés pour les mêmes causes devant le bailli de Nogent, Mathieu Gruyer ; Ogier et son fils n'osèrent contester les droits de la comtesse ; ils prétextèrent leur ignorance à ce sujet, le bailli les condamna à 60 sous d'amende et défense fut faite à François de continuer à porter tonsure (2).

Le Pont de Nogent. — Marguerite d'Orléans, comtesse d'Etampes, qui cherchait ainsi à maintenir l'intégrité de ses droits seigneuriaux, songeait aussi à rétablir le pont sur la Marne, dont il est fait mention dès 1173. Ce pont qui existait encore en 1356, était en 1410 remplacé depuis des années par un bac, ainsi que le montre la désignation de biens d'un acte de vente consentie cette année là : il dût être détruit au commencement de la Guerre de Cent Ans. La comtesse voulait faire

---

(1 et 2) *Arch. Nat.* J. 764 *bis*, 3ᵉ et 2ᵉ pièces.

réédifier ce pont, mais craignant à ce sujet des difficultés de la part du maître des Eaux et Forêts ou de ses
lieutenants, elle s'adressa directement au roi, invoquant
ses droits de châtelaine, les vœux des habitants de sa
seigneurie et des pays voisins, en un mot l'intérêt
public. En réponse à cette demande, Charles VII, alors
à Tours, enjoignit au bailli de Vitry, le 31 octobre 1450,
de permettre à la dame de Nogent de faire reconstruire
ce pont et la chaussée qui était « le chemin et voye pour
aler du pays de Brie en celluy de Valloys et ailleurs »,
de même que les deux moulins et les pêcheries qui
appartenaient depuis fort longtemps à la châtellenie de
Nogent et avaient été également démolis (1). Mais le
temps manqua probablement à Marguerite d'Orléans
pour réaliser son projet, quatre cents ans devaient
encore s'écouler avant qu'un nouveau pont vint remplacer l'ancien.

Le cartulaire de Saint-Germain, relatif à Nogent, men-
tionne une saisie faite en 1455 à la requête du couvent
de Saint-Germain sur les château, terre et seigneurie
de Nogent appartenant à la comtesse d'Etampes, comme
tenus et mouvants en fief de ce couvent pour défaut
d'hommage et devoirs non faits (2). Cette prétention
des religieux reproduite cent cinquante ans après le
compromis de 1300, qui l'avait expressément rejetée,
ne pouvait être sérieuse. En tous cas il ne paraît pas
qu'il fût donné suite à cette saisie, car le 17 octobre
1461 Marguerite fit entre les mains du comte de Dunois
hommage au nouveau roi Louis XI des châtellenies de
Nogent et Gandelu et de partie de la terre de Domptin.
Acceptation de cet hommage lui fut donnée par le roi
le 25 du même mois (3).

(1) *Arch. Nat.* Ibid. 7ᵉ pièce.
(2) Ibid. L. L. 1,082 ; 60.
(3) Ibid. J. 764, nº 20.

Marguerite perdit son frère, Charles d'Orléans, en 1463, elle mourut peu d'années après, âgée de 60 ans, le 24 avril 1466, à l'abbaye de la Guiche, près Blois, où elle s'était retirée, et fut enterrée suivant son désir avec l'habit de Saint-François (1). Elle laissait pour héritiers : son fils, François de Bretagne, et deux filles, l'une Catherine de Bretagne, qui avait épousé par traité du 19 août 1438 Guillaume de Châlon, sieur d'Argueil et depuis prince d'Orange, et l'autre qui était abbesse de Fontevrault.

François, qui s'intitulait duc de Bretagne, comte de Montfort, de Richemond, d'Etampes et de Vertus, seigneur de La Ferté-Milon, assigna tout à raison des promesses faites dans le contrat de mariage de sa sœur Catherine que de ce qui pouvait revenir à celle-ci dans les successions de ses père et mère, assigna à Catherine, en attendant le partage définitif, la jouissance des revenus des comtés de Vertus, seigneurie et grenier à sel de La Ferté-Milon, seigneuries de Gandelu, Nogent-l'Artaud, Courtenay et Luzarches, plus la rente de 1,300 livres sur la recette d'Orléans, dont 700 à jouir à partir de 1470 et les 600 autres à la mort de l'abbesse de Fontevrault, leur sœur, qui avait alors la jouissance de la totalité. Il lui concéda également l'habitation dans les maisons ou châteaux dépendant de ces terres, ainsi que le bois de chauffage à son usage, la chasse dans les bois et forêts et la pêche des étangs. Cet acte fut signé à Nantes le 24 mars 1468 (2).

La princesse d'Orange avait bien ainsi la jouissance de la seigneurie et du château de Nogent, mais ce fut toujours au nom du duc, son frère, que Nogent fut possédé et administré, ainsi qu'il résulte des lettres de

---

(1) Père Anselme, *Histoire généalogique.*
(2) *Arch. Nat.* J. 763, n° 24.

souffrance délivrées à ce prince par Louis XI, depuis 1467 jusqu'en 1476, époque de la mort de Catherine (1).

Aux receveurs de Nogent, Jean Ogier, puis Pierre de Ribemont, avait succédé Oudard Culbout, qui exerçait, pour le compte de François de Bretagne ; c'est à ce titre qu'en 1474 il paie aux maçon et charpentier les travaux exécutés par ceux-ci au four Bannier, qu'en mai de la même année il remet à Pierre de Bricamp, receveur de Mademoiselle de Romeny, 19 sous tournois dûs à celle-ci chaque année. à la Saint-André, sur le pont et pontenage de Nogent (2), qu'en avril 1475 il donne à la Chambre des Comptes de Paris 2 écus d'or pour les lettres de souffrance de l'hommage dû au roi, qu'enfin, en 1475 et 1476, il paie pour les gages des officiers de Nogent : à Nicole Morguival, procureur du duc, 100 sous tournois échus à la Saint Jean ; à Jean Gruyer, bailli de Nogent, 4 livres tournois ; à Guillaume Ogier, sergent et garde des bois et garennes, 6 livres tournois, toujours pour gages d'une année ; puis à Jean Deboul, capitaine et concierge de Nogent, 90 livres pour trois années. et à Robert Le Camus, pour les religieuses, dont il était le procureur. 8 livres 3 sous 6 deniers tournois, produit de la moitié de la mairie de Saulchery, et 27 sous 6 deniers, représentant moitié de la taille de Nogent pour les années 1475 et 1476 (3).

Le 16 juillet 1474, eut lieu un nouvel affermage pour deux ans à la suite d'enchères, comme celui de 1444 ; en voici les résultats :

Les exploits « deffaux » et amendes de 60 sous tournois de la prévôté de Nogent furent adjugés à Léguillon, moyennant 60 livres tournois pour deux ans ;

(1) *Arch. Nat.* J. 764, n° 20.

(2) Cette expression « pont et pontenage » continue à figurer pour rappeler sur qui était assise originairement cette redevance.

(3) *Arch. Nat.* J. 764, n° 14, diverses pièces, et J. 765, n° 16, de même.

Le « *tabellionage* » de Nogent, 48 sous tournois à Robert Le Camus ;

La clergie du bailliage, 4 sous tournois à Guillaume Ogier ;

La clergie de la prévôté, 48 sous tournois à Madelain Sutil ;

Le four *bagnier*, 7 livres 4 sous tournois à Pierre Falet ;

Le four Clément Mariotte, 10 sous tournois à Guillaume Ogier ;

Le bac, 10 livres à Jean Juchereau ;

Le péage des bateaux montants et avalants, 180 livres à Jean Chéron ;

La grange, la « pesson », et la voirie de Nogent étant en la main des religieuses ne furent pas mises aux enchères ;

La mairie de Saulchery fut adjugée au prix de 16 livres 16 sous tournois à Jean Debès ;

Le rouage de Saulchery, 64 sous tournois à Étienne Guègne ;

La clergie de Saulchery, 5 sous tournois à Jean de Melle ;

La mairie de Domptin, 27 sous tournois à Camus de Domptin (1).

En comparant les prix de l'adjudication de 1444 avec ceux-ci, nous voyons la location du bac monter de 24 sous tournois à 10 livres, le péage des bateaux de 40 à 180 livres, enfin le rouage de Saulchery de 12 à 24 sous ; il y avait donc eu depuis les trente dernières années une augmentation sérieuse dans les communications et transports.

L'ensemble de l'affermage de 1444 produisait par an 86 livres 2 sous 4 deniers et celui de 1474 monte à 123

(1) *Arch. Nat.* J. 764, n° 14.

livres 3 sous tournois. Si le nombre des taillables est à peu de chose près le même, le montant de la taille à vingt-cinq ans d'intervalle a diminué, ainsi le rôle de 1474, qui porte sur 26 taillables, ne marque plus pour produit que 26 sous 6 deniers, dont 4 sous 6 deniers sont absorbés par les frais. En 1475, on compte bien 34 taillables, la taille rapporte 28 sous 4 deniers, mais les frais réduisent le revenu net à toucher par le seigneur à 22 sous comme l'année précédente (1).

Le roi de France avait certains égards pour un vassal tel que le duc de Bretagne ; aussi pour recevoir l'hommage que le duc lui devait à raison des comté de Vertus et seigneuries de Nogent, Gandelu, La Ferté-Milon, etc., lui envoya-t-il, le 15 novembre 1476, l'évêque d'Alby, Louis d'Amboise, qui se rendit au château de Nantes où François lui fit serment d'être le vrai et loyal sujet du roi à cause desdits comté et seigneuries, et lui donna ensuite un baiser sur la bouche en s'engageant à faire l'aveu et le dénombrement de ces terres (2).

Ce fut le dernier acte de foi et d'hommage que le duc de Bretagne eut à rendre pour ces biens, car le mois suivant François fit le partage définitif des biens de la succession de ses père et mère, entre lui et son neveu, Jean de Chalon, unique héritier de Guillaume de Chalon et de Catherine de Bretagne (1476).

En vertu de ce partage, Jean de Chalon eut la pleine propriété des seigneuries et châteaux de l'Espine Gaudin (?), La Ferté-Milon, Nogent-l'Artaud, Gandelu, Luzarches et Courtenay, plus la rente de 1,300 livres à prendre sur la recette d'Orléans et la somme de 3,000 écus d'or en tournois payable en trois ans par le duc de Bretagne (3).

(1) *Arch. Nat.* Id.
(2) Ibid. J. 764, n° 20.
(3) Ibid. J. 763, n° 10.

Nous avons vu que Catherine, d'après la convention de 1468, n'avait que le bois de chauffage à son usage, cette division de la nu-propriété au frère et de la jouissance à la sœur nuisait à la bonne gestion des biens, si nous nous en rapportons aux certificats du sergent Guillaume Ogier, qui déclare en 1477 que depuis trois ans il n'avait pas été vendu de bois provenant des forêts de Nogent, qu'il en était de même pour le poisson et que la ferme de la Grange n'avait pas de fermier depuis deux ans et demi (1).

Jean de Chalon, après avoir servi Louis XI et n'en avoir pas obtenu la récompense qu'il en attendait, prit parti contre lui en faveur de Marie de Bourgogne. Le roi le fit alors déclarer coupable de rebellion par arrêt de parlement du 7 décembre 1477 et confisqua ses biens. Dix jours après cet arrêt, ceux-ci furent donnés à Jean Daillon, chevalier seigneur du Lude, gouverneur du Dauphiné. Cette donation, datée d'Arras, comprenait expressément les terres et seigneuries de Nogent-l'Artaud, La Ferté-Milon, Gandelu, etc., avec leurs dépendances, plus les 1,300 livres de rente sur la recette d'Orléans. L'acte d'enregistrement de cette donation (27 juillet 1478) stipule qu'elle était aussi faite en faveur du sieur du Lude et de ses héritiers, à la charge par le donataire de payer 12 livres de rente à Collette La Tirande, religieuse de Longchamp, d'exécuter les conditions du partage fait entre le duc d'Orléans et la comtesse d'Etampes, aïeule de Jean de Chalon, avec recours sur ces biens, excepté sur la seigneurie de Luzarches, de faire son affaire personnelle de l'opposition du duc de Bretagne, relativement à la seigneurie de L'Espine Gaudin et des procès que pourrait soulever une rente

(1) *Arch. Nat. J.* 764, n° 14.

de 10 livres en faveur de Catherine la Seuresse, religieuse (1).

De 1477 à 1481, Jean de Vergier, bailli et garde des sceaux de Nogent, agit au nom de « maître Jean de Daillon, escuyer... seigneur de Nogent », puis après la mort du sieur du Lude, en 1481 et 1482, au nom de sa veuve, Marie de Laval, dame du Lude et de Nogent. Celle-ci, qui était fille de Guy II de Laval, seigneur de Loué, et avait épousé Jean Daillon le 18 août 1459, mourut en 1488, mais ne devait plus être alors dame de Nogent. Louis XI était mort en 1483 ; avec le nouveau roi, Jean de Chalon, comme beaucoup d'autres princes, dont les biens avaient été saisis, rentra-t-il en possession des siens ? Nous le supposons ; Charles VIII étant mineur, sa sœur Anne, mariée au sire de Beaujeu, devint régente, or le prince d'Orange avait épousé Jeanne de Bourbon, sœur du sire de Beaujeu, il est plus que probable que la régente fit restituer à son beau-frère tous ses biens. C'est alors que Jean de Chalon, par contrat passé à Nantes le 1ᵉʳ mars 1486, vendit à noble « damoiselle Magdeleine Cléret, damme de Villiers », les terre et seigneurie de Nogent-l'Artaud, ainsi que ses droits sur celle de Domptin, avec toutes leurs dépendances et les droits féodaux y afférents, moyennant 6,000 livres tournois payées comptant. Cette dame devait rentrer en possession après la Madeleine, c'est-à-dire le 23 juillet suivant, et supporter les charges et redevances anciennement dûes. Jean Gruyer, procureur du duc, était chargé de cette mise en possession, toutefois Jean de Chalon se réservait pendant un an le droit de réméré et s'engageait à faire ratifier cette vente par sa femme, Jeanne de Bourbon (2).

(1) *Arch. Nat.* J. 764, n° 15.
(2) Arch. de M. le comte de Kérouartz.

Malgré cette vente, Jean de Chalon ayant pris de nouveau parti contre le roi avec le duc d'Orléans, Nogent et ses autres biens furent encore confisqués le 23 juillet 1487, ainsi qu'il résulte également de la teneur de lettres patentes du 19 juillet 1488 qui commirent à l'administration de l'Hôtel-Dieu de Nogent, Haynes Selle, fauconnier, en remplacement de Oudard Culboul, décédé. L'exécution de ces lettres était confiée à Jean Gruyer qui s'intitulait alors bailli de Nogent pour le roi « nostre Sire, la terre estant à présent en sa main » (1).

Sept jours après cette confiscation, Jean de Chalon fut fait prisonnier avec le duc d'Orléans par La Trémouille, au combat de Saint-Aubin, en Bretagne (1488), mais la dame de Beaujeu le mit peu de temps après en liberté et le fit même nommer lieutenant pour le roi en Bretagne (2). Cette faveur dut avoir nécessairement pour conséquence la mainlevée des saisies précédentes, de façon que la vente de la terre de Nogent faite à la dame Cléret dût sortir son plein et entier effet à l'égard de tous ; cependant il faut reconnaître que neuf ans encore après, en 1497, Jean Gruyer était toujours bailli de Nogent et garde des sceaux de ladite prévôté pour le roi. Mais l'année suivante (16 janvier 1498), Louis XII accepta l'hommage que lui fit, de la seigneurie de Nogent, Jean de Louan, gouverneur d'Orléans, lequel avait épousé Madeleine Cléret, et prenait le titre de seigneur de Nogent et de Domptin (3).

Après la mort de Jean de Louan, arrivée le 5 mai 1500 (4), Madeleine Cléret rendit elle-même hommage

(1) *Arch. Nat. J.* 764, n° 16.

(2) Mezerai, *Histoire de France.*

(3) *Arch. Nat. J.* 763, n° 18. Annales *Société historique de Chaury*, 1883, *Jean de Louan,* par notre collègue M. le comte de Kérouartz.

(4) Père Anselme, *Histoire généalogique*, t. VII, p. 515.

au roi pour Nogent et Domptin, tant en son nom qu'à celui de ses enfants mineurs, Jacques et Jeanne de Louan.

Ce fut vers cette époque que Louis XII, ayant ordonné de rédiger par écrit dans chaque bailliage les coutumes qui avaient force de loi, Château-Thierry qui relevait du bailliage de Vitry en Perthois, choisit des députés dans les trois ordres et prit dans la noblesse, avec Jean de Lallier, seigneur de Gandelu, Madeleine Cléret, veuve de Jean de Louan, celui-ci par procureur (1).

Ch. L.

---

(1) Poquet, *Histoire de Château-Thierry*, I, 329.

CHAPITRE IV

Nogent-l'Artaud à vol d'oiseau au XVe Siècle

Avant d'aller plus loin dans l'histoire de Nogent-l'Artaud, transportons nous par la pensée au xv° siècle et, à l'aide des cartes, des plans (1) et des documents écrits de l'époque, tâchons de reconstituer la localité telle qu'elle était alors.

L'ancienne route royale d'Allemagne, après avoir traversé Charly, Saulchery, Le Pont, quittait ce hameau un peu avant son extrémité orientale, et par un chemin à droite qui existe encore aujourd'hui, se dirigeait directement sur un pont en pierres, datant de temps immémorial.

Ce pont était construit à une centaine de mètres environ en aval du pont actuel. Il avait plusieurs arches dont on pouvait voir, il y a quelques années encore,

(1) Plan conservé aux *Archives Nationales* (L. L. 1,082, 1,083). « Plan de la ville et des faubourgs de Nogent-l'Artaud, dans lequel sont distingués les objets qui sont de la censive et seigneurie des Dames religieuses, dames en partie dudit Nogent, relativement à la transaction d'ébornement desdits ville et faubourgs entre icelles Dames religieuses et MM. les Religieux de Saint-Germain-des-Prez-les-Paris, passée devant Félix Chatelain et Charles de Saint-Martin, notaires audit Nogent, le 22 aoust 1560. »

les piles pendant les basses eaux. C'est sur l'arche la plus voisine de Nogent que fut construit plus tard le Moulin de Ville, supprimé lors de la canalisation de la Marne en 1862. Sur l'emplacement du fragment de chemin qui conduisait à l'entrée du bourg on a établi ultérieurement des jardins et quelques constructions. L'établissement d'un bac, après la destruction du pont, a fait reporter la route où elle est actuellement.

Le bac était situé à une centaine de mètres en amont du pont construit en 1845.

A droite, avant d'entrer dans le bourg, un chemin appelé *Rue de la Prairie*, conduisait dans la prairie de Nogent.

A l'entrée du bourg existait une petite place, dite *Place d'En-Bas*, bordée à droite de deux ou trois maisons et d'un enclos de jardins, — à gauche de plusieurs maisons contiguës. Un calvaire, entouré d'arbres, était au milieu de cette place.

Toute cette partie constituait le *Faubourg d'En-Bas*.

L'entrée du bourg était fermée par une large porte, dite *Porte d'En-Bas* ou *Porte des Sablons*, sans doute à cause du terroir des Sablons, situé à droite dans le voisinage. A droite était un logis de culture ; à gauche un logis particulier, qui ne dépendait pas du château, mais qui fut acquis ultérieurement. Cette porte qui a été démolie en 1856, et qui a failli coûter la vie à l'un de nous, a subi bien des modifications, et nous verrons qu'en 1712, Poisson, propriétaire de la ferme et de la maison à gauche, fit rebâtir la porte à ses frais, avec salon par dessus, pour établir une communication entre la maison et la ferme, cela sous certaines conditions, et avec le consentement du seigneur, le marquis de La Vieuville.

Cette porte était l'ouverture de la rue principale ou *Grande Rue* ou *Rue de la Ville*, continuée par la *Rue Neuve*, qui s'étendait jusqu'à la Porte d'En-Haut.

Près de la Porte d'En-Bas, à gauche, une rue dont la largeur est tout à fait irrégulière portait le nom de *Rue des Prêtres* ou *Rue de la Cure*, nom sous lequel elle est encore désignée aujourd'hui. Cette rue conduit à la *Grande Place de l'Eglise* et était bordée de jardins et d'une ou deux habitations.

La place était un peu plus grande qu'aujourd'hui, car l'église n'était pas enclavée dans le château, comme elle l'est actuellement. A droite de l'église existait une plantation d'arbres, faisant aujourd'hui partie du jardin du château, par suite d'échange de terrains ou d'acquisitions entre le seigneur et la paroisse. A droite du château était situé le couvent des religieuses Clarisses, dont nous parlerons ultérieurement (chapitre X). Entre l'église et la rue qui conduit au couvent existait le cimetière qui a été interdit vers le milieu du xviii° siècle pour être transféré dans un terrain hors du pays.

Vis-à-vis la place était une petite halle, sur l'emplacement de laquelle est aujourd'hui la mairie de Nogent.

La grande rue de Nogent se terminait à environ deux cents pas plus haut, par une autre porte appelée *Porte d'En-Haut* ou *Porte du Four Bannier*.

La rue à droite de cette porte s'appelait *Rue de la Sente des Carrefours*, à laquelle faisait suite la *Rue de Pavant*.

A droite et à gauche de la Porte d'En-Haut s'étendaient les fossés de la ville qui défendaient le côté méridional de Nogent, et qui plus tard devinrent le jeu de l'arquebuse et des jardins.

Au-dessus de la Porte du Four Bannier était le *Faubourg d'En Haut*, terminé par une place plantée d'arbres et ornée d'un calvaire. Ce Faubourg conduisait directement par la *Rue du Roy*, à la ferme de *La Grange*, dite de la Grange aux Moines, appartenant à l'Abbaye de Saint-Germain-des-Prés, — à droite dans le lieudit *La Chenée*, — à gauche, par la rue des *Larendiers*, aux Crochets et dans les bois.

Le bourg de Nogent-l'Artaud, proprement dit, était défendu à l'entrée septentrionale, c'est à-dire du côté de la Marne, par la Porte d'En-Bas ou porte des Sablons ; — à l'ouest, par les fossés des Sablons et par les fossés de la ville avec une tour à chaque extrémité, — en haut, au sud, par la porte du Four Bannier et des fossés.

Ainsi protégé de tous côtés, Nogent était un bourg (*burg*).

L'emplacement du château n'a pas varié. Il était entouré de fossés. On pénétrait au château par une petite rue actuellement murée, située à gauche du portail de l'église ; le cimetière étant à droite de ce portail (côté sud).

Le *couvent* s'étendait depuis les murs du château au nord jusqu'aux Crochets. Il était composé d'un cloître, de dortoirs, d'une église abbatiale dont les ruines existent encore, d'un jardin à l'est et d'un petit bois au sud-est, le tout entouré de murs ou de fossés. On pénétrait au couvent par une porte donnant sur la place. Les bâtiments à droite de cette porte étaient ceux du fermier du couvent. Une rue, la *rue des Pressoirs*, séparait la cour du fermier du couvent de la cour de la petite ferme du seigneur.

La censive des religieuses comprenait :

1° Les maisons, terres, jardins, situés à gauche dans le faubourg d'En-Bas, le pré de la tour excepté ;

2° Toute la partie de Nogent comprise par une ligne qui partirait de la Porte d'En Bas, suivrait la rue de la cure, la place, toute la rue du bourg à l'exception de quelques maisons en haut et à droite, redescendrait vers les fossés des Sablons, la ferme comprise, et reviendrait rejoindre la Porte d'En-Bas ;

3° Dans le Faubourg d'En Haut, toute la partie située à gauche, depuis la porte du Four Bannier jusqu'au chemin des Crochets.

A. C.

CHAPITRE V

Les Héritiers de Madeleine Cléret. — Réunion de Nogent au Domaine royal (1532). — Procès entre les Seigneurs et le Procureur du Roi. — Arrêt de 1555 qui fait rentrer les héritiers de dame Cléret en possession de la terre de Nogent (1512-1560).

Madeleine Cléret était fille de Jean Cléret, seigneur de Fontaines, et de Marguerite de Rochechouart (1). Elle avait épousé en premières noces Olivier de Brossin, seigneur de Rosières et de Thiais, en deuxièmes noces Alain Goyon, seigneur de Villiers, Thieuville, Menil-Garnier et autres lieux, conseiller chambellan du roi,

____

(1) La famille de Cléret était du Limousin, d'après le père Anselme : Jean de Cléret était aussi seigneur de Méré et premier maître d'hôtel du roi, et d'après un manuscrit de la Bibliothèque Nationale, fonds Clairambault, tome CLII, il existait en 1480 un Pierre Cléret, qui pourrait bien être un frère de notre Madeleine, lequel était greffier au bas pays de Limousin du siège de Brives et Uzerches et dont le sceau représentait un écu à 2 fasces vivrées penché d'un heaume cimé d'une tête humaine supporté par 2 lions.

bailli de Caen et grand écuyer de France, enfin en troisièmes noces, Jean de Louan (1).

De son second mariage elle eut Françoise Goyon et de son troisième, Jacques de Louan qui fut échanson de Louis XII et Jeanne qui avait épousé le 3 mars 1510 Guy de Maille, seigneur de Brézé et de Milly.

Françoise Goyon avait épousé Jean de Quellenec, seigneur de Fou, baron du Pont, auquel elle porte les terres de Villiers, Thieuville et de Mesnil-Garnier (2).

Jacques de Louan, en sa qualité de fils aîné et majeur, fit le 29 décembre 1512 (3) hommage à Louis XII de la moitié indivise de la nu-propriété des terres et seigneuries de Nogent et de Domptin, l'usufruit appartenant à sa nièce encore existante. Après la mort de Madeleine Cléret, il renouvela cet hommage pour la toute propriété à François Ier le 16 septembre 1516.

Cependant Jacques, malgré ces hommages, craignant que la propriété transmise à sa mère par Jean de Chalon pût un jour lui être contestée par suite de la confiscation de 1487, appela devant le bailli de Vitry, Philibert de Chalon, fils de Jean, et lui demanda une nouvelle investiture (4). L'avocat du prince prétendit que de Louan était dûment nanti des biens en question dont il habitait du reste l'hôtel seigneurial à Nogent et ne pouvait arguer de l'incertitude de ses possessions. La demande de Jacques ayant été rejetée, celui-ci en appela à la Cour du Parlement qui confirma le 27 avril 1520 la décision du bailli (5).

Cette demande de Jacques de Louan qui voulait qu'on lui précisât l'étendue de ses biens et droits à Nogent

(1) Anselme, *Histoire Généalogique.*
(2) P. Anselme, *Histoire Généalogique.*
(3) *Arch. Nat.* J. 763, n° 18.
(4) Id. J. 763, n° 17.
(5) Ibid. Registres du Conseil X^{ia} 8,338, f° 76 v°.

s'expliquait aussi par les contestations qui s'étaient élevées entre les seigneurs laïcs de Nogent, le chambrier de Saint-Germain-des-Prés et l'abbesse du couvent des Clarisses. Ainsi en 1425, le chambrier avait été obligé de faire reconnaître par l'abbesse, Ada de la Porte, le droit qu'il avait d'exiger que ses hommes et femmes de corps ne pussent vendre ou acheter à Nogent qu'en se servant de sa mesure (1) ; plus tard, en 1473, ce même chambrier ou son successeur avait fait nommer un sergent chargé de faire tous les ajournements, publications au nom du couvent de Saint-Germain, ainsi que les perceptions de ce qui pouvait être dû par ses hommes ou femmes de corps à Nogent (2). L'année suivante, il s'était même servi du lieutenant du bailli pour sommer les habitants d'avoir à retirer leurs taureaux de la prairie où le sien seul avait droit de rester (3).

Les religieuses, de leur côté, pour se soustraire aux effets de la justice seigneuriale, venaient d'obtenir en juillet 1513, du roi Louis XII, pour gardiens, tous les huissiers de son royaume, et, de plus, que leurs procès seraient jugés par le prévôt de Paris ou son lieutenant (4).

Enfin Jacques de Louan et sa sœur Françoise Goyon, épouse de Quellenec, héritiers de la terre de Nogent, désirèrent fixer respectivement leurs droits et ceux du chambrier. A cet effet une transaction fut élaborée le 1ᵉʳ janvier 1520, entre Henri de Coucy, chambrier de Saint-Germain et Jacques de Louan.

On y reconnaissait au chambrier : 1° droits de seigneurie et justice foncière sous le ressort en première instance du bailliage de Nogent sur la châtellenie de

(1) *Arch. Nat.* Saint-Germain-des-Prés, Cartulaire de Nogent-l'Artaud, L. L. 1,082, cotte 39.

(2) Ibid. cotte 61.

(3) Ibid. cotte 46.

(4) Ordonnances des rois de France de la 3ᵉ race, tome XXI. Arch. sect. judic. Bannières du Châtelet, tome Iᵉʳ, fᵒ 461.

Nogent, depuis les fourches patibulaires de Pavant dressées au-dessus de la Croix Jean d'Arbois « en descendant droit par le grand chemin qui conduit à Nogent, jusqu'aux fourches patibulaires de cette seigneurie, et de là descendant à une vigne appartenant à M° Hugues Le Mercier, prêtre, jusqu'au chemin de Laval, puis jusqu'au lieudit le Vieil Bac et gravier de Nogent et les bords de la Marne » ; 2° la propriété, avec les droits ci-dessus, de la Grange aux Chenêts à laquelle le seigneur devait garantir une contenance de 200 arpents (l'arpent était de 100 perches et la perche de 18 pieds 1/3), la propriété de la forêt dite du Chambrier avec son étang, sauf 15 arpents attenant à ladite forêt et appartenant au seigneur ; celle du lieudit la Fosse de la Téloie, contenant 4 arpents de terre avec masure, mais défense d'y construire un moulin ; 3° la seigneurie et justice foncière de la Grange aux Bois et des Moulinois ; 4° les anciennes censives sur certaines maisons avec jardins, qui étaient situées devant la ville de Nogent, dans ses faubourgs, depuis la porte du Trésorier « en montant le grand chemin à droite et descendant jusqu'à la vigne de M° Le Mercier et de là jusqu'à la rivière » ; 5° le droit d'avoir maieur et sergens pour l'exécution de la justice foncière.

De son côté, le couvent de Saint-Germain se désistait de toutes ses autres prétentions et reconnaissait au seigneur de Nogent la haute justice sur toute la châtellenie, hormis sur la maison avec ses « accins » habitée par le chambrier et sur les hommes et femmes du corps de ce dernier.

Cette transaction fut approuvée par le couvent de Saint Germain le 4 mars 1522, puis par les époux De Quellenec le 3 août suivant (1).

(1) Archives de M. le comte de Kérouartz

Jacques de Louan et sa sœur, unis pour défendre les droits de leur seigneurie contre le couvent de Saint-Germain, ne pouvaient s'accorder pour le partage à faire entr'eux de cette seigneurie. Une instance à ce sujet était engagée depuis au moins 1510, ainsi qu'il résulte des considérants d'un arrêt de la Cour de Parlement du jeudi 8 août 1532. Jean de Quellenec étant mort, le procès se continuait entre sa veuve et Jacques de Louan ; ainsi cet arrêt décidait que sous huitaine, J. de Louan devait faire faire deux lots des terres et seigneuries de Nogent et Domptin, que le mois suivant sa sœur devait opter pour l'un d'eux devant Mr Trouson, conseiller du roi en ladite cour, commis à cet effet, qu'en cas contraire ledit commissaire devait lui-même faire les lots qui seraient tirés au sort, que le château de Nogent devait pareillement être partagé s'il était possible, sinon licité, le tout à dépens communs (1).

Mais au moment où cet arrêt était rendu, la propriété de la seigneurie de Nogent était contestée aux héritiers de Madeleine Cléret.

Suivant François Ier, les aliénations faites par ses prédécesseurs des biens de la Couronne étaient cause de l'aggravation des tailles qui pesaient sur le pauvre peuple, tailles qui étaient levées pour subvenir aux pressants et urgents besoins de l'Etat. Le roi jugeait donc à propos de déclarer inaliénables ces parties du domaine qui, en restant trop longtemps séparées, pouvaient se perdre, et résolut de n'en disposer que pour l'apanage des enfants de France ; en conséquence, il enjoignit par lettres datées de Chateaubriant le 22 mai 1532, à tous ses trésoriers de France de faire réunir au domaine royal tous les biens ainsi aliénés. Le bailli de Vitry transmit le deux juillet suivant copie des lettres

____

(1) *Arch. Nat.* Registres du Conseil X^{ia} 1,535, f° 373 v°.

des trésoriers, visant celles du roi, à son lieutenant à Château-Thierry, en le chargeant de les mettre à exécution dans l'étendue de cette prévôté. Ce fut ainsi que les terre et seigneurie de Château-Thierry furent réunies au domaine royal, mais momentanément seulement, car le 2 décembre suivant, le maréchal Robert de la Marck fut en vertu de lettres patentes du roi, réintégré en ses possessions de Château-Thierry (1).

Les seigneurs de Nogent furent moins heureux ; ils eurent à soutenir un long procès avant de pouvoir faire reconnaître leurs droits. Le procureur du roi, s'appuyant sur ce que Nogent avait appartenu au domaine royal et en avait été aliéné depuis longtemps par un roi de France, somma Jacques de Louan et Françoise Goyon d'avoir à montrer leurs titres de propriété. Sur le refus de ceux-ci, le bailli de Vitry envoya des lettres de réunion en déclarant que les fruits de la seigneurie seraient remis au receveur de Vitry, et que la justice y serait exercée au nom du roi.

Le procureur du roi à Château-Thierry, Jean Jeannet, accompagné de Jehan Balhan, d'Antoine de la Barre, sergent, et de Jean Candas, commis greffier, se transporta le 21 novembre suivant à Nogent, pour y faire la publication des lettres de réunion, avec défense aux habitants d'y contrevenir. Les représentants de Jacques de Louan et de sa sœur protestèrent contre cette saisie, ajoutant que leurs mandants avaient déjà fait appel en cour de parlement. Le procureur du roi déclara passer outre, malgré cet appel et en conséquence ordonna aux habitants de payer les cens, rentes et droits de ladite terre au receveur du roi, et prescrivit aux officiers de Nogent d'exercer dorénavant au nom du roi. Toutefois, Me Severin Heurtevyn, licencié-ès-lois, bailli de Nogent

____

(1) *Arch. Nat.* J. 764, n° 18.

pour de Louan et sa sœur, ne voulut pas accepter de
suite de remplir cette charge au nom du roi, demanda
délai pour en référer à ses seigneurs. Il lui fut accordé
jusqu'au lendemain, pour aller déclarer en l'auditoire
de Château-Thierry, à l'heure du « plaictz », son acceptation ou son refus. Le lendemain, à l'heure dite,
Heurtevyn alla déclarer qu'il acceptait (1).

Françoise Goyon, veuve de Quellenec, mourut à Caen
en 1536 (2), laissant deux fils, Jean de Quellenec, l'aîné,
et Charles de Quellenec.

Jacques de Louan survécut à sa sœur à peine une
dizaine d'années, laissant deux filles, Barbe et Madeleine. Barbe avait épousé Antoine de Bus, seigneur de
Villemareuil, près Meaux ; et Madeleine, Charles de la
Haye, seigneur de Nesles. Un projet de partage de
Nogent fut élaboré le 29 octobre 1546, entre les sœurs et
beaux-frères (3) ; mais la saisie du roi en empêcha la
réalisation tout au moins immédiate.

Sans entrer dans toutes les phases de la procédure de
cette saisie, nous mentionnerons l'ordonnance de
Henri II du 24 décembre 1547, aux termes de laquelle
son procureur devait faire prendre copie de tous les
titres et documents concernant Nogent. C'est ainsi que
nous voyons l'année suivante le procureur du roi,
Nicole Lesguisé, et son substitut, Pierre Vitart, se trans-
porter de Château-Thierry à Nogent où, accompagnés
des représentants d'Antoine de Bus et consorts, ils se
rendirent au couvent des religieuses, examinèrent les
titres de propriété de ces dames et en prirent les copies
relatives à la châtellenie (4).

(1) *Arch. Nat.* J. 764, n° 18.
(2) P. Anselme. *Hist. Généal.*
(3) Archives de M. le comte de Kérouartz.
(4) *Arch. Nat.* J. 764, n° 25. . . . .
C'est très probablement à l'observation de cette ordonnance que
nous devons de posséder aux *Archives Nationales* une grande partie
des documents sur Nogent.

Au cours de cette instance, Charles de la Haye avait voulu vendre la coupe de 4 arpents de bois. Un arrêt du 12 janvier 1548 déclara que le prix de cette vente serait réservé jusqu'à la solution du procès (1). Toutefois, trois ans plus tard, le sieur de Villemareuil obtint mainlevée du sequestre mis sur la terre de Nogent. Cette mainlevée fut accordée, si nous en croyons un jurisconsulte de l'époque, « parce qu'il y avait plus d'apparence que la terre saisie appartînt aux possesseurs par droit particulier, et non par le moyen d'appanage, et que de plus, le droit prétendu par le procureur du roi, requérait plus ample connaissance de cause et équité ». (2)

En effet, l'argument des consorts de Bus reposait sur cette prétention : que Nogent avait toujours été possédé comme domaine privé, que les saisies qui en avaient été faites par les rois l'avaient été pendant les guerres, soit étrangères, soit civiles, mais qu'à la paix les anciens possesseurs étaient *ipso facto* rentrés dans leurs anciens droits ; que s'il était vrai qu'à partir de 1369, après la saisie opérée sur la famille des Lancastre, Nogent fut déclaré du domaine royal, et ainsi successivement donné à vie au comte de Tancarville, au duc de Bourgogne, Philippe le Hardi, à Charles de Châtillon, et enfin à Charles de Navarre, toutefois le roi permit à ce dernier de vendre Nogent, ce que fit Charles de Navarre, moyennant deniers comptants à Louis duc d'Orléans, et que depuis, à part quelques confiscations passagères, la transmission de la propriété de la seigneurie de Nogent pouvait s'établir régulièrement comme celle de toute propriété privée, jusqu'au moment de la réunion de 1532.

(1) *Arch. Nat.* J. 764, n° 24.

(2) Loys Charondas le Caron, *Pandectes et Digestes du droit français*. Lyon, Jean Veyrat, 1596, page 310.

Enfin, le 19 juin 1555, un arrêt de la Cour de Parlement ordonna la mainlevée de la saisie des terre et seigneurie de Nogent, ainsi que la remise des fruits, revenus, émoluments perçus depuis la mainmise, aux mains des défendeurs qui se trouvaient être alors :

1° Antoine de Bus, Seigneur de Villemareuil et sa femme Barbe de Louan, demeurant au château de Ville-mareuil ;

2° Charles de la Haye, Seigneur de Nesles, veuf de Madeleine de Louan et tuteur des mineurs provenant de leur union, lequel habitait au Buisson-Brécy, près Château Thierry ;

3° Jean de Quellenec l'aîné, Seigneur du Ménil Garnier, habitant le château dudit Ménil, siège de Gavray dans la vicomté de Coutances ;

4° Joachim de Chevigné, Seigneur de Tréal et des Roches, veuf de Marie de Quellenec, fille de Charles de Quellenec ; ce dernier était frère de de Quellenec l'aîné. Joachim, tuteur de cinq enfants mineurs, habitait tantôt Vitré, tantôt le château de Tréal en Basse-Bretagne ;

5° Enfin Jeanne des Maures, veuve de Jean de Quellenec le jeune, tutrice de son fils Charles, habitait à Rostrenen, en Basse-Bretagne.

Mais le procureur général du roi ne voulut point s'en tenir à la décision des juges, il obtint du roi des lettres-patentes (28 février 1556), en vertu desquelles il en appela de l'arrêt du 19 juin. Un huissier de Paris, qui s'intitulait huissier de la Cour des généraux des Monnaies fut chargé de signifier lui-même cet appel à chacun des domiciles ci-dessus mentionnés, et de citer les héritiers de Louan et de Goyon à comparaître le 15 mai suivant devant « Nosseigneurs de la Cour de Parlement » (1).

---

(1) *Arch. Nat.* J. 763, n° 30.

Un arrêt définitif confirma celui du 19 juin 1535.

Claude de Bus, fils d'Antoine de Bus, propriétaire des trois quarts de la seigneurie de Nogent, par suite tant d'héritage que d'acquisitions faites à ses cohéritiers, rendit, le 24 mars 1575, hommage au duc d'Alençon, frère de Charles IX, son suzerain, comme titulaire du duché de Château-Thierry (1).

Durant le procès fait aux seigneurs laïcs de Nogent, les religieuses qui s'intitulaient toujours dames en partie de Nogent, contestaient à ce titre certaines prétentions du chambrier de Saint-Germain, et se refusaient à payer la dîme à laquelle celui-ci prétendait avoir droit sur 47 arpents de terres labourables, et 3 arpents de vigne leur appartenant. Mais une transaction eut lieu le 30 juillet 1538, et fut confirmée le 12 août suivant par l'abbesse Madeleine III de Brie ; les religieuses, en reconnaissance de la modération montrée par le chambrier à leur égard, s'engagèrent à dire des prières dans leur église pour chaque religieux de Saint-Germain décédé (2). Vingt ans plus tard, une nouvelle transaction fut signée entre les mêmes parties le 22 août 1560, devant MM^{rs} Félix Châtelain et Charles de Saint-Martin, notaires à Nogent, relativement à l'ébornement des biens sis à Nogent, et dans ses faubourgs dépendant de la censive des religieuses dont l'abbesse était alors Gabrielle de Conflans (3) ; à cette occasion fut dressé le plan de Nogent, contenant en marge le nom des habitants soumis à la censive, et dont il est parlé en note dans notre chapitre précédent.

Ch. L.

(1) Archives de M. le comte de Kérouartz, foy, hommages, aveux et dénombrements.

(2) *Gallia Christiana*, t. IX, col. 504, et Don Bouillard, *Histoire de Saint-Germain-des-Prés*, page 183.

(3) *Gallia Christiana*, id.

CHAPITRE VI

Etat de la Seigneurie de Nogent-l'Artaud
vers la fin du XVIᵉ Siècle.

Claude de Bus avait rendu le 24 mars 1575 hommage au duc d'Alençon, seigneur de Château-Thierry, pour sa terre de Nogent. Ce fut très probablement pour l'aveu qui suivit cet hommage que fut dressée une déclaration dont une copie sans date nous a été communiquée par notre collègue, le comte de Kérouartz, propriétaire du château de Nogent, et que nous reproduisons dans l'appendice.

La fin du xviᵉ siècle fut pour nos contrées une époque de troubles et de misère, les guerres de religion, les maladies contagieuses affectèrent profondément au physique et au moral nos populations des bords de la Marne. Henri III, au lieu de gouverner en roi de France, laissait la Ligue s'organiser, passait son temps en parties de plaisir et de débauches, en visites dans les cloîtres ou bien encore à suivre des processions plus bizarres les unes que les autres. Cette mode de suivre les processions partie de si haut se généralisa dans certaines provinces, notamment dans la Champagne, le Soissonnais et la Brie. Dans nos pays l'accoutrement de ceux qui

les suivaient fit donner à ces processions le surnom de
« Blanches ». Nous rapportons, d'après un manuscrit
de la Bibliothèque de Meaux, le récit du pélerinage que
firent en cette ville les habitants de Nogent-l'Artaud.

Istoires memorables de ce quy c'est passée aux processions blanches dans l'année 1583 (1).

Le dimanche quatriesme septembre mil cinq cent
quatre vingt trois cinq heures du soir, arriva en la ville
de Meaux la procession de Nogent-l'Arthault et de la
chapelle soulz Crécy en Brie. Ilz estoiet en nombre de
neuf cens tous habillez de drap de toille blanchie depuis
la teste jusques aus pieds, l'on ne leurs voiet que la face
encore bien peue, (ils) estoiet en rang deux à deux fort
bien ordonnéz et n'entreprenoiet poinct auculnement
l'un sur l'autre, (ils) furent reçus par messieurs de chapitre de Meaux de l'églize de Sainct Estienne dud. lieux
en toute l'espace au bout du fauxbourg de Sainct Nicolas dud. Meaux parceque ilz avoiet passé touc au bacq
de Trilport.

Estant receu, marchoiet en premier lieuc ung home
ausy tout habillé de blanc tenant une croix en sa main,
(un autre) un cierge ardent tenant en icelle, (un troisième) la croix de la paroisse, après (un quatrième)
une bannière de satain blanc en laquelle il y avoiet
seulement une croix rouge au milieu, qui chantoiet ces
mots « *Ave Maria dõi mei mater alma celica plena*

---

(1) Nous reproduisons textuellement cet article avec toutes les fautes
d'orthographe. Ce récit annexé aux manuscrits de l'abbé Janvier,
auteur d'une histoire des Evêques de Meaux à la fin du XVIIe siècle, a
été probablement copié, d'après l'opinion de M. Villedieu, bibliothé-
caire à Meaux, sur les Mémoires de Lenfant qui était procureur au
bailliage et siège présidial à Meaux pendant les guerres du Calvi-
nisme et de la Ligue, et mourut après 1607. Une copie de ces intéres-
sants mémoires se trouve à la Bibliothèque de Meaux.

gratia ». Sur un chant fort honnest par eux choisy sans chanter autre chausse.

Après la croix et bannière suivoiet deux cens jeunes filles habillées aussy toute de blanc, chacune une croix et un cierge en la main, chantoient de mesme, et de douze à douze y avoiet deux enfens masle habillez de mesme, la croix et le cierge en leur main, qui servoiet à chanter et à recommencer toujour « *Ave Maria...* »

Après iceux suivoiet bien deux à trois cens femes habilléez ausy toute de blanc et chantoiet de mesme et deux jeunes garsons entrel deux.

Après iceux suivoiet bien deux cens jeunes homes non mariés marchant en pareille ordre et chantoiet toute de mesme.

Après suivoiet bien deux cens homes dont il y en avoiet qui avoiet bien quatre vingt ans marchant et chantant toutes de mêmes que les autres.

Estant reçeuz en cest ordre, furent conduicts en l'Eglise de Sainct-Estienne de Meaux, et contenoiet leur paroisse pour le moins une grande demie lieue de long, il y en avoiet encore par delà le fauxbourg de Saint-Nicolas quand les premiers furent entréz en Saint-Estienne.

Leur curée les suivoiet desoulz le cielle de leur paroisse avecq le corps de nostre Seigneur Jhésus Crist, lequel curée et quatre home, qui portoiet le ciel, estoics pieds nuds, le curée faisoiet la bénédiction avecq le corps de Nostre Seigneur Jhésus Crist à ung chascun.

Come ausy la plupart des pellerins estoiet pied nud, les mains joinctes, leur croix et leur cierge chascun dedans leurs mains, la plus grande partie diceux pleuroiet de grosses larmes en chantant les most cy dessus : « *Ave Maria dei mater alma celica plena gratia* ».

Estant receue et entréz en ladite église de Saint-Etienne touls leurs cierges furent alumés avec dix à douze torchés qu'ils avoiet pour acompaigner le corps

de notre Seigneur Jhésus Crist que portoient leurs gens mesmes, fut faict procession à l'entour du cœur de lad, église, et ce faict, fut faict ung sermon par un frère Levesque, cordellier et curée de Saint-Cristophe de Meaux, si terrible sur ce que chantoiet les pellerins seullement en entrant dans la ville que chascun pleuroiet.

Cela faict, chascun de la ville logea leu pellerins et leurs fut baillié des vivres sans prendre aucun denier d'iceux, dont (ce qui) les contentèrent fort bien.

J'avois obvié cy devant que avant le ciel marchoiet ung home tout habillé de blanc qui portoiet une petité lanterne au bout d'ung baston dans laquelle il y avoiet une chandel ardant.

Et le lendemain cinquiesme dud. mois lesd. pellerins partirent de Meaux à cinq heures du matin pour aler à St Fiacre après que leur curée eut chanté la messe dans lad. église de St Estienne et uny autre presbtre qui chanta la messe ausy à Sainct Fiacre.

Enfain le peuple s'esmervelloiet de voire une telle chausse et n'est aucune mémoire que personne quelconque ayent jamais ouire parler mesme d'avoir vue la même chausse.

En ce temps là les maladies de contagion avoiet grand cours et les dits pellerins déclarèrent que leur intention estoiet que lesd. linges et décalpes dont ils estoient couverts estoient pour les encepulturer lorsqu'ils décéderoiet, et leurs croix pour estre sur leur fosse.

Cн. L.

CHAPITRE VII

La Famille de La Vieuville à Nogent-l'Artaud (1600 à 1763). — Vente de la Terre de Nogent à Huchet, comte de Labédoyère.

Avec le XVIIᵉ siècle nous voyons apparaître à Nogent un La Vieuville non pas encore à titre de seigneur, mais comme acquéreur de biens situés aux environs du bourg. Le 12 mai 1600, messire Robert de La Vieuville achète de Claude de Bus 26 arpents au bois de la Croix, et la ferme de la Meule Percée (1) comprenant 60 arpents, le tout moyennant 700 écus dont 400 pour le bois, et à charge de tenir ces biens en plein fief en une seule foi et hommage du seigneur de Nogent, suivant la coutume du bailliage de Vitry. Robert avait fait cette acquisition pour se faire rembourser des arrérages d'une rente dûs depuis plusieurs années par Claude de Bus, rente qu'on lui avait cédée ainsi qu'il est déclaré dans l'acte passé devant Félissant Rahaut « clerc tabellion substitut establi en la branche de Pavant ».

(1) Ferme au S.-O. de la Ferroterie, comᵉ de Nogent.

Robert de La Vieuville était alors seigneur de Pavant par suite de son second mariage en 1581 avec Catherine d'O, veuve de l'ancien seigneur de ce pays, Michel de Poysieu.

La famille de La Vieuville était originaire de Bretagne, le grand-père de Robert, Sébastien de La Vieuville vint en France avec la reine Anne, lors du mariage de cette princesse avec Charles VIII.

Robert, qui s'intitulait aussi baron de Rugles et d'Arzillières, vicomte de Farbus (1), avait été capitaine gouverneur des villes de Mézières et de Linchamp, grand fauconnier de France, puis nommé en 1574 lieutenant-général du roi au pays Rethelois, et trois ans plus tard capitaine de 50 hommes d'armes des ordonnances du roi. Henri III érigea en sa faveur la terre de Sy (2) en marquisat sous le nom de La Vieuville. Henri IV le fit chevalier de ses ordres en 1599, et plus tard Louis XIII l'envoya comme ambassadeur en Allemagne « pour le fait de la religion ».

Claude de Bus avait obtenu du roi, en 1604, remise des droits de « lods et ventes, quints et requints » de la vente qu'il pourrait faire de la terre de Nogent, mais ne profita pas de cette remise car dix ans plus tard, le 10 octobre 1614, il partagea ses biens entre ses deux neveux, Claude de Bus, baron de Seignelay (3), et Antoine de Bus, à charge par ceux ci d'acquitter ses dettes, se réservant toutefois l'usufruit desdits biens. Dans ce partage il attribua la seigneurie de Nogent, Saulchery, le Pont, Montoisel et le fief de la rivière au baron de Seignelay qui, le 19 janvier suivant 1615, en fit hommage au roi à cause de son duché de Château-

---

(1) Rugles (actuellement dans l'Eure). Arzillières (Marne), arrondissement de Vitry. Farbus, près d'Arras (Pas-de-Calais).

(2) Sy (Ardennes), près Vouziers.

(3) Seignelay (Yonne), près Auxerre.

Thierry. Un mois plus tard le donateur mourait, il fut inhumé dans l'église de Nogent où se voit encore sa pierre tombale, sur laquelle il est désigné comme chevalier des ordres du roi, gentilhomme ordinaire de sa chambre, bailli et gouverneur de Meaux, seigneur de Villemareuil (1) et de Nogent-l'Artaud.

Robert de La Vieuville, de son mariage avec Catherine d'O, fille de Charles d'O, seigneur de Verigny et de Fresnes, et de Jacquelina Girard, avait un fils, Charles, né à Paris en 1582. Charles de La Vieuville, élevé dans des sentiments de grande piété, suivit la carrière des armes, devint premier capitaine des gardes du corps, puis à la mort de son père en 1612, lui succéda comme grand fauconnier de France ; ce fut dans l'exercice de cette charge qu'il gagna la confiance de Louis XIII et fut nommé maréchal de camp. Il assista sous les ordres du duc de Guise (mars 1617) aux siège et reddition de Rosoy (2)-en-Thiérache, devint gouverneur de Mézières, puis lieutenant général au gouvernement de Champagne. Vers 1618 à 1620, il épousa Marie-Bouhier, fille de Vincent Bouhier, seigneur de Beaumarchais, trésorier de l'épargne, lequel jouissait d'une fortune considérable. Le beau-père et le gendre surent se comprendre et se prêtèrent toujours un mutuel appui. Peu de temps après le mariage, le 29 mai 1621, les frères Claude et Antoine de Bus vendirent au marquis de La Vieuville, moyennant cent deux mille livres, les terre et seigneurie de Nogent avec les fiefs de Saulchery, le Pont, Montoisel (3) et Saint-Pierre, à l'exception de ceux de la rivière et de la

(1) Villemareuil, près de Meaux (Seine-et-Marne).
(2) Actuellement Rozoy-sur-Serre, arrond. de Laon.
(3) Le Pont, Montoisel, hameaux de la commune de Saulchery.

moitié du moulin ; toutefois, par une contre-lettre du 2 juin suivant, le marquis reconnut qu'il n'avait dans cette vente servi que de prête-nom et qu'elle avait été faite en réalité au profit de son beau-père ; il en fut de même pour l'acquisition du fief de la rivière, consentie en échange d'une rente de 2,062 livres. Ces différents actes furent passés devant M⁰ˢ Viard et Duchesne, notaires à Paris (1).

Charles, désireux de parvenir, profita de la situation de Vincent Bouhier pour se pousser auprès du roi. Il intrigua contre le surintendant Schomberg, qui lui avait rayé 2,000 écus sur l'état de la province de Champagne, fit entendre au roi que Schomberg avait déjà dépensé les revenus de l'année suivante, que de ce fait le seigneur de Beaumarchais, se trouvant hors d'état d'exercer sa charge cette année sans se ruiner, allait prier le roi de l'en décharger. Ce fut en vain que le maréchal de Bassompierre voulut défendre Schomberg ; Vincent Bouhier joignit ses efforts à ceux de son gendre en disant qu'il fallait avancer plusieurs millions pour soutenir la dépense de sa Majesté et qu'il ne lui serait pas possible de le faire, s'il n'y avait un surintendant dont il fût assuré pour son remboursement. La Vieuville obtint le 26 mai 1623 le charge de surintendant des finances, puis l'entrée au Conseil privé. Pour rétablir l'ordre dans les finances, il comptait sur l'expérience et l'appui de son beau-père. Pendant les premiers mois de son administration, tous les services furent assurés, mais il se vit bientôt forcé de diminuer les grosses pensions des courtisans, qui unirent alors leurs plaintes à celles de Gaston, duc d'Orléans, dont il avait empêché l'entrée au Conseil et même fait arrêter le gouverneur, d'Ornano. Pour s'assurer contre ces cabales

(1) Archives de M. le Comte de Kérouartz.

la protection de la reine, La Vieuville favorisa l'entrée
à ce, même Conseil du cardinal de Richelieu, qu'il
n'aimait pas. C'est à ce moment qu'il fut chargé avec le
cardinal, le garde des sceaux et le marquis de la Ville-
aux-Clercs de traiter avec les ambassadeurs anglais du
mariage d'une sœur de Louis XIII avec Charles, prince
de Galles, et d'une alliance anglo-française contre l'Espagne, mais il n'eut pas la satisfaction de terminer cette
affaire. L'ambitieux cardinal l'avait remplacé dans la
faveur du roi ; la Cour étant au château de Germigny,
près Monceaux (1), le prince témoigna à son surintendant qu'il était mécontent de lui, de sorte que celui-ci
se démit entre les mains du roi de la place qu'il avait
au Conseil et de sa charge de surintendant. Peu de
temps après, Louis XIII le fit venir à Saint-Germain
(juillet 1624), pour lui permettre de prendre congé de
lui, mais en sortant, le marquis fut arrêté par le comte
de Thermes, capitaine des gardes, et conduit en prison
au château d'Amboise. La Vieuville ne put obtenir la
permission d'écrire à sa femme, ni d'en recevoir des
nouvelles ; il était accusé d'avoir supposé des avis pour
donner au roi de l'ombrage contre ses plus fidèles serviteurs. On ne put toutefois le déclarer coupable dans
son administration financière (2). Bouhier de Beaumarchais fut entraîné avec lui dans sa disgrâce, et même,
d'après la biographie de Michaud à laquelle nous avons
emprunté la plupart des détails qui précèdent, fut
déclaré coupable de malversations et condamné par
contumace à être pendu en effigie. D'après Mézerai, au
contraire, le roi donna bien commission de faire le
procès au beau-père et au gendre, mais on ne put trouver de quoi les convaincre de malversations ; on sus-

(1) Actuellement Germigny-l'Evêque, canton de Meaux (S.-et-M.)

(2) Voir *Mémoires d'André d'Ormesson*. Chéruel, Imp. Impériale,
tome II, page 657.

pendit le seigneur de Beaumarchais de sa charge et on le relégua dans l'une de ses maisons (1).

La version de Mézerai nous semble la plus probable, Bouhier ne quitta pas la France et dut se retirer à Nogent, car le 7 septembre de la même année (1624), il rendit hommage au représentant du roi à Château-Thierry à raison de la châtellenie de Nogent. S'il n'était plus trésorier de l'Epargne, il conservait du moins son titre de conseiller ordinaire du roi ; c'est ainsi que le 26 avril 1627, il obtint un arrêt du Conseil qui l'exemptait en cette qualité des droits de quints et requints dûs sur son acquisition de Nogent et lui accordait mainlevée des saisies faites pour le recouvrement de ces droits. Le 9 juin suivant, il fit l'aveu et le dénombrement de la terre de Nogent, aveu dont il lui fut donné réception le 15 du même mois (2).

Après une captivité de treize mois, La Vieuville étant parvenu à s'échapper, s'était retiré en Flandre, puis en Angleterre. Il écrivit au roi pour excuser son évasion et l'assurer de sa constante fidélité, puis dans une lettre au chancelier il se justifia de tous les chefs d'accusation portés contre lui. De son côté, la marquise alla implorer le roi qui lui accorda (1er juin 1626) la liberté pour son mari de rentrer en France. Le marquis dut revenir, soit à Pavant, soit chez son beau-père à Nogent, car l'année suivante et principalement dans le courant de 1628, il continua, par des acquisitions successives d'un total de 83 arpents de terre, ce qu'il avait déjà commencé en 1623, à accroître les dépendances de la ferme de la Meule Percée, qui lui venait de son père. Presque toutes ces acquisitions furent faites devant Pierre Dehesnes, clerc substitut en la branche de Pavant (3).

(1) *Abrégé chronologique de l'Histoire de France*, édition in-12, 1755, tome XI, pages 344, 345.

(2 et 3, Archives de M. le comte de Kérouartz.

Le 30 mars 1628, Boulier de Beaumarchais renonça en faveur de Charles, marquis de La Vieuville, devant M⁰ Nicolas Gorlidot, notaire à Charly, à la toute pro-priété, tant en fonds qu'en usufruit, des_terre et seigneu-rie de Nogent avec leurs dépendances. Le 11 juillet suivant, le marquis de La Vieuville prit possession officielle de ladite seigneurie, suivant acte de Denis Genée et Nicolas Véron, notaires à Charly. De son côté, la marquise de la Vieuville achetait en son nom per-sonnel, le 2 août de la même année, de Jacques de Mori-zel, écuyer, seigneur de la Fayelle, 5 arpents de terre, proche La Fayelle, du côté du Mesnillot (1):

Ces différents actes nous font supposer que le beau-père voulut par la renonciation ci-dessus témoigner à son gendre de l'affection et de l'intérêt qu'il lui portait, et que, d'accord avec son mari, la marquise avait déjà obtenu sa séparation de biens afin d'assurer sa fortune et celle de ses enfants contre les vicissitudes de la poli-tique.

Le marquis sembla d'abord préoccupé d'augmenter sa nouvelle seigneurie du fief que possédaient à Nogent les religieux de Saint-Germain-des Prés ; d'après dom Bouillard (2) le 20 janvier 1631, il leur proposa l'échange de ce fief contre des biens, qu'il avait à Thiais et à Choisy, estimés d'un rapport de 1,400 livres, plus une soulte de 6,000 livres. Les religieux exigeaient en outre 200 livres de rente. Ces dernières conditions ne furent pas agréées, ou bien la politique empêcha le marquis d'y donner suite.

La Vieuville venait en effet de s'engager dans des intrigues contre le cardinal de Richelieu, et se voyait encore forcé de se réfugier à Bruxelles (1631). Décrété

(1) Archives de M. le Comte de Kérouartz. Le Mesnillot, commune de Nogent.

(2) Ouvrage cité dans le chapitre suivant.

d'accusation, il fut condamné à mort par arrêt du 6 janvier 1632, et ses biens furent confisqués ; un an après, 14 mai 1633, il fut dégradé de l'ordre du Saint-Esprit comme rebelle et convaincu de félonie pour avoir quitté la France et être passé dans les terres de l'obéissance des princes étrangers (1). Le marquis retourna en Angleterre où le suivit sa femme ; ils y restèrent jusqu'à la mort du cardinal de Richelieu, arrivée en décembre 1642. Quelques mois après, ils eurent permission de rentrer en France, ce qu'ils firent au mois de mai suivant (2).

Le marquis, au lieu de l' « abolition » qu'on lui offrait, voulut la révision de son procès et obtint des lettres d'innocence qui furent vérifiées au Parlement. Ses terres de Verigny et d'Arzillières avaient été confisquées et données au sieur de Saint-Simon à qui il en réclama la jouissance (3). Sur ces entrefaites, il perdit son fils aîné, Vincent, qui fut tué en Angleterre dans une bataille au service de la reine, Henriette de France. Cette princesse qui s'intéressait au marquis de La Vieuville et à double titre depuis la mort de ce fils, intercéda pour lui auprès de Mazarin dans le procès contre Saint-Simon. Une réponse très gracieuse du 9 décembre 1643 montre qu'elle ne s'adressa pas en vain au nouveau cardinal (4).

Nogent ne paraît pas avoir été compris parmi les biens confisqués, la marquise après sa séparation de biens s'en était-elle fait faire l'attribution à son profit ? On pourrait avec raison le supposer d'après les titres sous lesquels elle agit dans l'acquisition qu'elle fit deux

(1) Coll. Clairambault, t. MLIII, f° 56 (Bibl. nat. mss).

(2) *Journal d'Olivier d'Ormesson*, t. Ier, p. 58. Chéruel, Imp^{ie}. Imp.

(3) Ibid. page 105.

(4) *Lettres du Cardinal de Mazarin pendant son ministère*, publiées par Chéruel.

ans plus tard du fief que possédait le couvent de Saint-Germain-des Prés à Nogent. Elle y est en effet qualifiée d'épouse, séparée de biens du marquis de La Vieuville, baronne et seule dame haute justicière et patronne de la baronnie, ville et seigneurie de Nogent.

Les religieux avaient voulu se défaire de leurs biens de Nogent dont ils avaient porté le rapport à son maximum (1,400 livres), qui ne pouvait être dépassé vu l'état des lieux et la stérilité des terres, notamment des 203 arpents de la ferme des Chenets (1). Ces biens comprenaient : 1° Le fief situé à Nogent qui consistait en un grand hôtel seigneurial, granges, étables, four, caves et autres lieux fort en ruines, jardins et autres commodités, le tout proche l'église et d'une contenance de 3 arpents (2). A ce fief étaient attachés le droit de patronnage à la cuve et celui de basse justice sur les hôtes des religieux dans leur manoir (il était toutefois reconnu que ce dernier droit n'avait pas été exercé depuis plus de cent ans) ; dépendaient également de ce fief les lieu et place se trouvant entre l'église de Nogent et la porte dudit hôtel seigneurial où il y avait anciennement la grange dîmeresse et contenant environ 16 perches (3). 2° 93 arpents de bois et prés aux environs de Nogent, l'étang des Brosses (4) et les prés d'alentour d'une contenance de 12 arpents 1/2 environ. 3° Le lieu appelé *La Fosse de la Terterie* (5) contenant 4 arpents et la ferme dite de *La Grange aux Chenets* (6), plus quel-

(1) Les Chenets, ferme au sud de Nogent.

(2) Ce grand hôtel et ses dépendances constituèrent les bâtiments et jardins de la ferme du seigneur (voir plan mss, *Arch. Nat.* Aisne, 3ᵉ classe, nᵒ 131).

(3) Ces lieu et place font actuellement partie de la portion du jardin du château où se trouve la grille donnant sur la place du pays.

(4) Au sud-est du bourg.

(5) Le Tartre.

(6) La Grange-Lombard, commune de Nogent.

ques menus cens revenant à 3 ou 4 sols et rentes portant lods, ventes, saisines et amendes, le cas échéant, toutes les dîmes de grains et de vin de tout le terroir de Nogent inféodées et dépendantes de leur fief, excepté ce qui appartenait au curé de Nogent, les deux tiers des menues dîmes dont l'autre tiers appartenait audit curé et enfin les novales (1) auxquelles les religieux prétendaient avoir droit, bien qu'ils n'en eussent pas la jouissance réelle. Le tout relevait du roi sans aucune charge ni redevance, si ce n'est envers le curé pour le gros (2) qu'on lui devait et les charges ordinaires dont les dîmes étaient sujettes. La marquise de La Vieuville paya ces biens 64,000 livres, prix que les religieux employèrent à l'acquisition de la terre d'Amblainvilliers. L'acte de vente fut passé à Paris, le 9 février 1645, devant Mes Boucher et Lemoine, notaires, fut ratifié par Henri de Bourbon, évêque de Metz et abbé de Saint-Germain-des-Prés, et confirmé plus tard par lettres patentes du roi du 18 décembre 1655 (3).

L'année suivante (1646), le marquis de La Vieuville demanda au roi que les baronnies de Nogent-l'Artaud et Saint-Martin-d'Ablois, qui appartenaient à la marquise et relevaient en plein fief du roi à cause de son duché de Château-Thierry-Châtillon et Epernay fussent distraites de ce duché et que leur mouvance fût transférée à la Grosse Tour du Louvre à une seule foi et hommage et à un seul aveu. Le roi ou plutôt la reinemère, alors régente, accueillit cette demande et rendit une ordonnance conforme, désirant gratifier, y est-il

---

(1) Dîmes se percevant sur des terres qui depuis quarante ans n'avaient pas été défrichées.

(2) Gros : portion du revenu que touchait le curé par opposition au casuel et autres distributions éventuelles.

(3) Arch. de M. le comte de Kérouartz et Bibl. Nat. Dép^t des mss f. fr. 16,864, 5° 52.

dit, et favorablement traiter la dame de La Vieuville en considération des bons et recommandables services que le sieur de La Vieuville avait rendus à l'Etat dans les grands emplois dont il avait été honoré, sous les règnes de Henri le Grand et de Louis XIII. Cette ordonnance du mois de mars 1646 fut enregistrée au Parlement le 27 de ce même mois, puis le 22 août suivant au bailliage de Châtillon et le 23 à ceux d'Epernay et de Château-Thierry (1).

Le marquis de La Vieuville était rentré en faveur à la Cour, il en profita quelques années plus tard pour faire ériger les baronnies de Nogent et Saint-Martin-d'Ablois avec les villages en dépendant, La Nouette, Le Mesnil Huttier, Saulchery, Le Pont et Montoisel (2), en titre de comté d'Ablois mouvant à une seule foi et hommage immédiatement du roi, à cause de sa Grosse Tour du Louvre (Juillet 1651) (3).

Il ne devait pas lui-même tarder à remplir à nouveau de grands emplois : deux mois plus tard, Anne d'Autriche, s'inspirant toujours des avis de Mazarin, bien que celui-ci fût en exil, fit choix de nouveaux ministres, donna les sceaux au premier président Molé et la surintendance des finances au marquis de La Vieuville (3 septembre 1651) (4).

Le 26 décembre de la même année, La Vieuville obtint du roi, par lettres patentes données à Poitiers, l'érection des terres de Nogent, Pavant et Saint-Martin-d'Ablois en titre de duché pairie de La Vieuville pour en jouir par lui-même et ses enfants mâles nés et à naître (5).

---

(1) *Arch. Nat.* Ordonnances de Louis XIV, Xia 8,655, page 602.

(2) Saint-Martin-d'Ablois, arrondt d'Epernay (Marne). La Nouette, ferme, comr d'Essômes. Le Mesnil Huttier

(3) Archives de M. le comte de Kérouartz.

(4) *Mémoires d'André d'Ormesson*, tome II du Journal d'Olivier d'Ormesson, Ed. Chéruel, Imp. Natle, page 654.

(5) Anselme, *Histoire Généalogique de France*, t. V, p. 870.

En reprenant les rênes de l'administration, le nouveau duc s'était engagé à rétablir le crédit sans impôts onéreux, mais l'âge avait diminué son activité. Dans les premiers moments, il se vit forcé de suivre la marche adoptée par son prédécesseur, mais il se flattait de pouvoir mettre bientôt à exécution les plans qu'il avait conçus, et dont il se promettait des merveilles, quand il mourut à Paris le 2 janvier 1653, à l'âge de 71 ans, laissant la réputation d'un ministre habile et surtout très désintéressé. Il fut inhumé dans sa chapelle, en l'église des Minimes de la Place Royale à Paris. Son hôtel était rue Saint-Paul, près du quai des Célestins.

Fouquet obtint après lui la charge de surintendant.

Le duc de La Vieuville avait eu de son mariage avec Marie Bouhier sept enfants :

1° Vincent, mort au service de la Reine d'Angleterre en 1643 ;

2° Charles II° du nom, qui succéda à son père dans son titre de duc et ses principales charges ;

3° Charles-François, qui fut évêque de Rennes en 1660 et décéda le 29 janvier 1676 ;

4° Henri, qui fut chevalier de Malte et mourut en 1652, dans sa 25° année, de la blessure qu'il reçut au siège d'Etampes ;

5° Françoise de Paule, morte sans alliance ;

6° Lucrèce-Françoise, mariée en 1655 à Ambroise de Bournonville, chevalier d'honneur de la reine Anne d'Autriche et gouverneur de Paris ;

7° Enfin, Marie, abbesse de Notre-Dame de Meaux.

Charles de La Vieuville, deuxième du nom, à la mort de son père, prit le titre de duc, en vertu des lettres d'érection du 26 décembre 1651, lesquelles stipulaient que le fils de Charles I°° pouvait jouir de leur effet, même à défaut de leur enregistrement, avant la mort de son père, vu l'âge de ce dernier, eu égard à ses services et à ceux de son fils aîné.

Charles II avait en effet servi aux sièges de Béthune et Dunkerque, sous le Grand Condé, et même été blessé à la bataille de Lens, en 1648. Les services militaires le firent passer de « mestre de camp » du régiment de Picardie, successivement maréchal, puis lieutenant général au gouvernement de Champagne, chevalier des Ordres du Roi, gouverneur de la personne de Philippe, petit-fils de France, duc d'Orléans, et de la province de Poitou. Il avait épousé, le 25 septembre 1649, Françoise-Marie de Vienne, comtesse de Châteauroux ; la jeune marquise, d'après un journal de la Fronde des 24-25 avril 1650, se faisait remarquer au Cours La Reine par la richesse de son carrosse, en compagnie de Mlle d'Orléans et de la grande Mademoiselle (1).

De cette union, Charles eut neuf enfants, quatre garçons et cinq filles ; l'aîné, René-François, auquel, suivant acte de Pierre Royne, notaire à Nogent, il fit le 8 octobre 1685 une cession de biens ; le second, Charles-Emmanuel, qui fut comte de Vienne ; les deux derniers, François-Marie, abbé de Savigny, et Jean, chevalier de Malte, et comme filles, Barbe Françoise, abbesse de Notre-Dame de Meaux, qui embrassa la réforme et mourut à l'abbaye de Gif, deux autres qui furent également religieuses, et enfin deux mortes en bas âge.

(1) La jeune marquise de La Vieuville eut un carrosse aussi fort beau et tout environné ou garni d'armoiries, les portières à grandes draperies couvertes toutes de broderies de soie blanche et jaune, ainsi que le dedans du carrosse et les couvertures des chevaux, de la sorte que cela paraît comme broderie d'or et d'argent. Beaucoup de gens sont scandalisés de ces carrosses avec de l'or, parce qu'ils ont été depuis quelques années défendus par déclaration du roi et ceux-ci sont les premiers qui paraissent. *Dictionnaire historique des Institutions de la France*, Chéruel, au mot : *Voiture*.

Charles II devint veuf en juillet 1669 et mourut en 1689, à l'âge de 73 ans.

Son fils aîné, René-François, né le 18 février 1652, qui avait été créé chevalier de la Reine le 13 janvier 1676, puis nommé colonel du régiment de Navarre le 17 février 1676, lui avait succédé le 29 avril 1677 dans le gouvernement des provinces de Poitou, Loudunois et Chatelleraudois, mais il ne put à la mort de son père hériter du titre de duc par suite du non-enregistrement des lettres patentes du 26 décembre 1651, et conserva celui de marquis.

Le marquis, René-François, avait épousé, le 2 janvier 1676, Anne-Lucie de la Motte Houdancourt, qui mourut en février 1689, puis en secondes noces, Marie-Louise de la Chaussée d'Eu, qui décéda, à l'âge de 45 ans, le 10 septembre 1715, et enfin en troisièmes noces, le 20 avril 1716, Thérèse de Froullac, veuve de Claude Le Tonnelier de Breteuil.

Un état dressé par les soins du marquis indique les revenus de ses possessions à Nogent et Payant au commencement du xviii° siècle. Déjà le duc, son père, avait, dès 1684, affermé moyennant un loyer annuel de 350 livres à Pierre Royne, notaire, et sa vie durant, les cens, surcens, droits seigneuriaux de lots et ventes, les greffe et tabellionage de Nogent, ainsi que les amendes jusqu'à 25 livres, le droit de planche (1), la place du port, près le bac, où l'on déchargeait les meules, le rouissage des chanvres avec les droits de la foire Saint-Laurent, plus deux rentes sur deux maisons de Nogent, trois quartiers de vigne au lieudit la Chenée, l'oseraie du Voisin et le fossé qui était entre les murs du château et le pré de la Tour (2).

(1) Droit de planche : droit de perception en nature sur le poisson pêché dans les étangs et qui était déchargé sur le port de Nogent.

(2) Voir pour ces lieuxdist le Plan de Nogent de 1560.

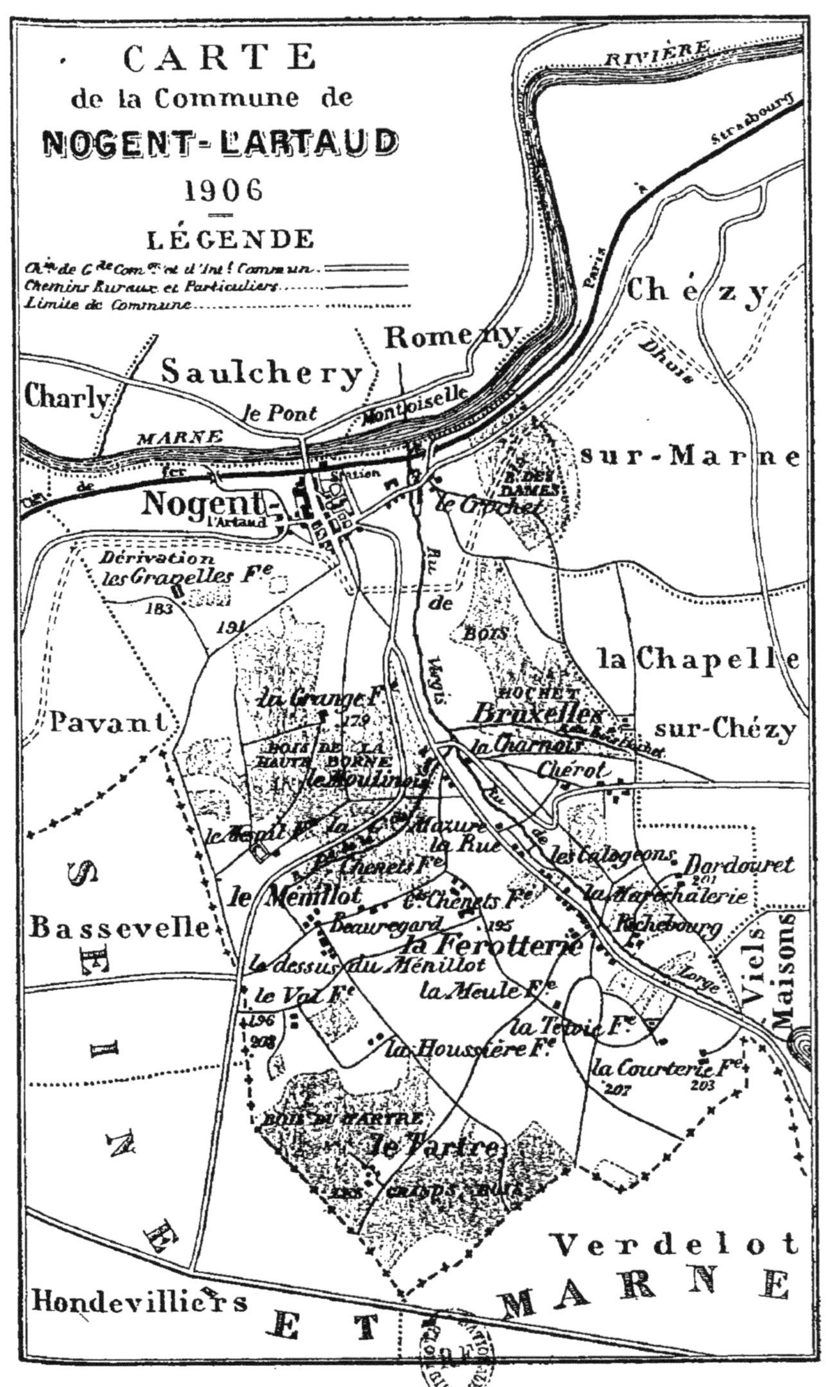
CARTE
de la Commune de
NOGENT-L'ARTAUD
1906
LÉGENDE
Ch.⁰ⁿ de G.ᵈᵉ Com.ᶜⁱᵃˡ et d'Int.ˡ Commun.
Chemins Ruraux et Particuliers
Limite de Commune
RIVIÈRE
Strasbourg
Chézy
Paris
Dhuis
Romeny
Charly
Saulchery
le Pont
Montoiselle
sur-Marne
MARNE
fer
Station
B. DES DAMES
de
Nogent-
l'Artaud
le Crochet
Dérivation
les Grapelles F.ᵉ
183
191
Bois
la Chapelle
de
la Grange F.
HOCHET
179
Bruxelles
sur-Chézy
Pavant
BOIS DE LA
HAUTE BORNE
la Charnois
le Moulinet
Chérot
la Mazure
la Rue
les Calogeons
Dordouret
le Mesnil la F.
201
le Ménillot
les Chenets F.
la Maréchalerie
Beauregard
195
Richebourg
Basseville
la Ferotterie
Viels
le dessus du Ménillot
Longe
Maisons
le Val F.ᵉ
la Meule F.ᵉ
196
la Tèvia F.ᵉ
203
la Houssière F.ᵉ
la Courterie F.ᵉ
207
203
BOIS DU TARTRE
le Tartre
LES CHOPS BOIS
Verdelot
Hondevilliers
ET MARNE

De son côté, le marquis, suivant des baux de neuf années chacun, consentis en 1701 et 1702, avait loué aux taux annuels ci après :

A Claude Le Givre, marchand, la coupe de 64 arpents à faire annuellement dans le bois-taillis de Nogent, 2,700 livres ;

A Nicolas Brayer, la ferme des Grands Chenets avec ses dépendances, 525 livres (1) ;

A Jean Brayer, la ferme de la Meule, 394 livres, plus certaines redevances en grains ;

A Jean Rabillier, les bac, péage et droit de pêche dans la Marne, 1,150 livres, plus la redevance d'un plat de poissons de 100 sols de valeur ;

A Germain Masson, meunier, la moitié du moulin de Nogent, 610 livres, plus quatre plats de poissons de quatre livres chacun et un setier de farine, mesure comble ;

A Vincent Desbrosses, la ferme du domaine de Nogent, située devant l'église, 340 livres, plus trois setiers d'avoine, mesure comble, et huit boisseaux par setier ;

A Michel Filiastre, garde des bois de Nogent, le dixmeron de la Houssière et le Tartre, 60 livres (1) ;

A M. le Curé de Nogent, le droit de dîme du canton de Cherost (1) en échange de la partie du croît que le seigneur lui devait payer annuellement ;

A Jacques Herbelin et Claude Véron, la recette de Saulchery et ses dépendances, 1,300 livres ;

Enfin, à Charles Bailleux, la ferme dite de la Recette de Pavant et ses dépendances, 3,900 livres, plus certaines redevances en nature.

L'ensemble de ces revenus s'élevait donc pour la seigneurie de Nogent à 7,485 livres, et pour celle de

____

(1) Les Grands Chenets, ferme ; La Houssière, ferme ; Le Tartre, hameau ; Cherost, hameau, de la commune de Nogent.

Pavant à 3,900, outre les charges ou redevances en nature (1).

René-François, marquis de La Vieuville, décéda en 1719, à Paris, après avoir eu huit enfants, dont quatre du premier et autant du second lit.

L'aîné du premier lit, Louis de La Vieuville, né à Paris le 28 août 1677, avait été élevé en qualité d'enfant d'honneur auprès de Louis de France, duc de Bourgogne, et avait reçu le baptême dans la chapelle du Château de Versailles, le 20 août 1685. Il fit plusieurs campagnes en Allemagne et en Flandre en qualité de capitaine d'une compagnie d'infanterie dans le régiment du roi. A la mort de son père, il devint seigneur de Nogent, et l'année suivante, 26 mars 1720, il épousa en premières noces Marie-Pélagie Toustain Daix, fille du seigneur de Carency, laquelle mourut à Nogent-l'Artaud, le 9 décembre 1721, à l'âge de 45 ans ; et s'unit en secondes noces, le 20 avril 1722, à Marie-Madeleine Fouquet, fille du marquis de Belle Isle. Ces deux unions furent stériles, son frère cadet, Charles-Emmanuel, ne pouvait lui succéder, car il avait embrassé les ordres ; après eux venaient encore du premier lit deux sœurs, dont l'une était morte en bas âge, et l'autre avait épousé Hector de Fay, marquis de la Tour Maubourg.

A la mort de Louis de La Vieuville, arrivée le 18 juillet 1732, à Saint Germain-en-Laye, ce fut donc l'aîné de ses frères du second lit, Jean Baptiste-René de La Vieuville, qui devint seigneur de Nogent.

J.-B. René, comte d'Ablois (2), né le 15 septembre 1691, était, grâce à la faveur dont jouissait sa famille à la Cour, nommé malgré son jeune âge, dès 1706, colonel d'un régiment d'infanterie, puis, en 1712, colonel-

_____

(1) Archives de M. le comte de Kérouartz.

(2) Comté d'Ablois, élection d'Epernay.

lieutenant du régiment du duc de Berry, et colonel en chef de ce régiment, par suite de la mort de ce prince (14 mai 1714). Cependant, en 1717, il se démit de ce grade qui fut donné au chevalier de Vendôme, grand prieur de France, et devint colonel réformé et fait Chevalier de l'ordre militaire de Saint Louis. La mort de son frère aîné le fit aussi héritier du titre de marquis de La Vieuville, en même temps que des seigneuries de Nogent et d'Azillières, pour lesquelles il fit hommage au roi, ainsi que le constate un arrêt de la Chambre des comptes du 24 mars 1755.

Après lui, venaient une sœur et un frère : la sœur, Marie-Madeleine de La Vieuville, de la Tour Pavant, née en 1698, qui épousa en 1713 le marquis de Parabère, déjà fort âgé, dont elle devint veuve en 1716, et qui, après avoir été quelque temps la maîtresse du Régent, se retira de la Cour et du monde en 1723 ; et le frère, Charles-Marie, Chevalier de l'Ordre de Jérusalem, colonel d'infanterie, qui quitta la Croix de Malte en 1732, prit alors le titre de Comte de La Vieuville et épousa une de ses nièces.

J.-B. René, marquis de La Vieuville, mourut en 1761, laissant de son union contractée en 1719, avec Anne-Charlotte de Creil, 8 enfants, dont 5 morts en bas âge ; les 3 suivants étaient des filles : l'aînée, Marie-Anne-Augustine de La Vieuville, née le 6 novembre 1721, avait épousé en premières noces, le 20 mai 1746, Philippe-Marie d'Alphozzo de la Trousse, et en deuxièmes, François Bruno de Barandier de la Chaussée d'Eu ; la seconde, Anne-Geneviève de La Vieuville d'Arrest, née le 30 septembre 1727, s'était mariée avec son oncle Charles-Marie de La Vieuville, ci-dessus nommé ; enfin, la dernière, Gabrielle-Anne de la Tour Pavant, née le 19 juillet 1735, avait été unie à Jean-Baptiste Daguesseau de Fresne.

Ces trois héritiers de J.-B. René de La Vieuville, ne

conservèrent pas longtemps les seigneuries et terres de Nogent et Pavant, qu'elles vendirent le 15 septembre 1763 à messire Noel-Florimond Huchet, comte de la Bédoyère.

Aux termes du contrat passé à Paris devant M° Laideynisse, notaire, cette vente comprenait :

1° Les terres et baronnie de Nogent, seigneuries de Pavant, de Saulchery, dont dépendaient les hameaux du Pont, de Montoisel, plus le fief de la rivière, le tout situé dans la généralité de Soissons et régi par les coutumes de Paris, de Vitry-le-François et de Senlis, avec le droit de haute, moyenne et basse justice, château et nomination à la cure, tous les domaines, terres, prés, bois, vignes, rente de deux cents livres que devait Claude Gratiot pour prix de la vente qui lui avait été faite de la petite ferme de Saulchery, et autres appartenances et dépendances... ainsi que le feu Seigneur, marquis de La Vieuville, en jouissait ou devait jouir sans en rien retenir ni excepter par les seigneurs et dames vendeurs, si ce n'est le fief de Porteron et Porrigot (1) que ces derniers se réservaient uniquement et expressément ;

2° Les meubles meublants et autres effets mobiliers se trouvant dans le château, ainsi que tous les matériaux existants dans ledit château, les fermes et leurs dépendances.

Les vendeurs déclaraient que ces terres étaient de la mouvance du roi, à cause de sa grosse Tour du Louvre, et encore dans la mouvance et censive d'autres seigneurs pour partie, mais sans préciser autrement ; que de plus, en ce qui concernait Nogent, elles étaient chargées du gros dû au curé et de la redevance de cent gerbées et de quelques pintes de vin en faveur de la fabrique de

---

(1) Porteron, hameau de la commune de Charly.

Nogent « autant que ladite fabrique se trouverait fondée en titre ».

Cette vente eut lieu moyennant le prix de *cinq cent trente mille* livres dont trois cent mille pour les baronnie de Nogent et seigneurie de Saulchery, cent soixante treize mille pour les terre et seigneurie de Pavant, cinquante mille pour le fief de la Rivière et quatre mille pour les meubles et objets mobiliers.

Sauf pour le produit des coupes de bois et de l'extraction des pierres meulières, voici quel était alors le revenu du Seigneur pour Nogent et Pavant :

La ferme du domaine de Nogent était louée à Germain Mauge cinq cents livres plus la redevance de 25 boisseaux d'avoine (mesure de Charly), cent gerbées, dix livres pesant de beurre et deux dindons gros et vifs et en plumes.

Le moulin de Nogent, à François Viet, quatorze cents livres dont moitié revenait au Seigneur de Nogent et moitié à celui de Romeny, qui était à cette époque Ambroise Eustache, marquis de Vassan.

La ferme de la Grange, à Robert Colin, procureur fiscal, et à Louis Givardin, garde-chasse, cinq cents livres.

Celle de la Meule, à Marce Nicolle Bordier, cinq cents livres également.

Celle des Grands Chenets, aux époux Louis Senicourt, encore cinq cents livres.

Les bac, passage et péage sur Marne à Nogent, étaient affermés à J. B. Dupin, avec le droit de pêche, onze cents livres.

Les droits de cens, surcens, coutumes, lots, ventes, etc., au sieur Colin, ci-dessus nommé, six cents livres.

Le greffe de Nogent, à un sieur Jolly, quarante-cinq livres.

Les fermes de Pavant et Marie étaient louées à François Bourniche et à son fils, trois mille livres, plus une redevance de quatre cents bottes de foin, quatre cents gerbées, cent boisseaux d'avoine et six douzaines de pigeonneaux, plus une pièce de vin du Clos de Pavant et trois pièces de vin de pressoir.

La tuilerie de Pavant était exploitée par les époux Boyer, moyennant deux cent cinquante livres de loyer et la fourniture d'un millier de tuiles.

Le droit à l'extraction des pierres meulières était affermé à un sieur Guérin, marchand de meules.

J.-B. Dupin tenait également du Seigneur de Nogent, en location, une maison située à Saulchery et dite de la recette, avec jardin et vignes, moyennant un loyer de deux cents livres.

Le nouveau Seigneur de Nogent descendait, comme les La Vieuville, d'une ancienne famille de Bretagne. Son grand-père, Charles-Marie Huchet, et son père, Charles Huchet, Seigneur de la Bédoyère, avaient occupé successivement la charge de procureur général au parlement de Bretagne.

Ce dernier, de son mariage avec Marie-Anne-Guyonne Camican de l'Epine, dame de Rieux, avait eu deux fils, l'aîné, Marguerite-Charles-Marie-Hugues Huchet, qualifié marquis de la Bédoyère, tout à fait étranger à Nogent, et le second, Noël Florimond, auteur de la branche cadette de Huchet de la Bédoyère.

Lors de l'acquisition de la terre de Nogent, la dame de Rieux se porta garante pour son plus jeune fils d'une partie du prix. Celui-ci rendit hommage au roi pour la Seigneurie de Nogent et ses dépendances, le 14 novembre 1763.

Cн. L.

CHAPITRE VIII

———

La Famille Poisson à Nogent-l'Artaud

———

C'est à la date du 2 juillet 1702 qu'apparaît pour la première fois le nom de Poisson à Nogent-l'Artaud.

Les Poisson sont d'origine champenoise, et c'est le petit village de Provenchères, arrondissement de Langres, qui est le berceau de la famille dont nous donnons la généalogie, d'après un mémoire de Potiquet (1), rédigé sur la copie des actes de l'état-civil de Provenchères, qui lui a été fournie par M. Miquée, secrétaire de la mairie de cette commune.

Claude Poisson, né à Provenchères-sur-Meuse, en 1631, a eu de son mariage avec Marie Marangé, neuf enfants, tous nés à Provenchères. Ce sont :

1° Gabriel Poisson, né en 1659.

2° Claude Poisson.

3° Marie Poisson.

4° Jeanne Poisson.

5° Nicolas Poisson, né le 8 novembre 1670, bourgeois de Paris, épouse à Nogent-l'Artaud, le 2 juillet 1702, Henriette Philbert de Mienjat.

(1) Généalogie de la famille Poisson, par Alfred Potiquet, dans l'*Amateur d'autographes*, janvier, février, mars, 1883.

6° Madeleine Poisson.

7° Claudette Poisson.

8° Catherine Poisson, née le 16 mars 1680, épouse à Nogent l'Artaud : Jacques-Adam Hennequin, sieur de Cointicourt, le 15 septembre 1711, et en secondes noces, le 28 août 1716, Jacques Cathernault, d'Issoudun, intendant de l'hôtel du marquis de La Vieuville. Elle est morte à Nogent le 13 novembre 1720.

9° François Poisson, né à Provenchères, le 16 janvier 1684. Il épousa en premières noces, le 29 juillet 1715, Anne-Gabrielle Le Carlier, de Laon, et en secondes noces, le 11 octobre 1718, à l'église des Invalides, à Paris, Louise-Madeleine de La Motte, âgée de dix-neuf ans, fille de Jean de La Motte, entrepreneur des bou-cheries de l'hôtel des Invalides. C'est de ce mariage que sont nés à Paris :

1° Jeanne-Antoinette Poisson, le 29 décembre 1721, qui devint en 1745 la marquise de Pompadour et mourut à Versailles, le 15 avril 1764, ayant perdu deux enfants en bas âge, issus de son mariage avec Lenormand d'Etioles (1).

2° Abel-François Poisson, né en 1725, mort à Paris, le 11 mai 1781, n'ayant pas eu d'enfants de son mariage avec Marie-Julie Constance de Filleul (2).

François Poisson avait pour neveu et nièces :

Gabriel Poisson, de Malvoisin.

Madeleine Poisson, de Malvoisin.

N... Poisson, fille dont on trouve le nom dans une lettre de la marquise de Pompadour.

Il est probable que la branche des Poisson de Mal-

---

(1) Alexandrine, une de ses filles, est morte le 19 juin 1754, de la petite vérole, au couvent de l'Assomption. L'autopsie a été faite le 21 juin. (D'Argenson, Mémoires, t. VIII, p. 306, 308, 309.

(2) Barbier, Journal, t. IV, p. 44.

voisin descend du frère aîné de François Poisson — Gabriel Poisson, né à Provenchères en 1659.

Le 2 juillet 1702, Nicolas Poisson faisait chez Pierre Royne, notaire à Nogent, son contrat de mariage avec demoiselle Henriette Philbert de Mienjat, sans déclaration d'apports. (Répertoire de l'étude de Pierre Royne, actuellement à Charly.)

Huit ans plus tard, le 12 février 1710, Jossé, de La Ferté-sous-Jouarre, vendit au plus jeune frère de Nicolas Poisson, François Poisson, conseiller secrétaire du roi, demeurant alors à Nogent, une maison sise dans la Grande-Rue, provenant de Jérôme d'Alquin, commissaire des guerres, avec la ferme et les terres qui en dépendaient (1).

La maison A était située vis à vis de la ferme B, dont elle était séparée par la rue et par la porte de la ville, dite Porte d'En-bas ou des Sablons. Cette porte était en mauvais état lors de la vente de l'immeuble, et Poisson la fit rebâtir à ses frais : il réunit ainsi sa maison à la ferme, toutefois avec le consentement du marquis de La Vieuville, seigneur de Nogent. Mais cette porte n'était guère élevée : elle n'avait que 9 pieds et 4 pouces, un peu plus de 3 mètres d'élévation, ce qui mettait dans l'obligation de décharger les voitures un peu chargées, lorsqu'on passait sous cette porte. On fit des plaintes ; les habitants de Nogent furent convoqués le 5 mars 1712, pour donner leur avis de *commodo* et *incommodo* relativement à cette porte. François Poisson la fit reconstruire, avec salon par-dessus pour communiquer des deux côtés, ainsi que nous l'avons presque

(1) En 1600, Jérôme d'Alquin, archer des gardes du roi, était propriétaire de cet immeuble, qu'il avait fait construire avec la permission de Claude de Bus, seigneur de Nogent-l'Artaud. Sur l'emplacement de cette maison s'élève une jolie habitation de campagne, bàtie en 1855 et appartenant à M. Portencuve.

tous connue. Elle fut démolie en 1854-1855. Le 10 mars 1712, Poisson demanda l'alignement de son mur sur la rue de Nogent, dans l'étendue de 12 toises (48 mètres). On y consentit à la condition qu'il paierait chaque année, le lendemain de Noël, 6 deniers de cens au seigneur.

D'un autre côté, la rue de la Cure était en mauvais état et irrégulière : Poisson demanda au seigneur, René de La Vieuville, son consentement pour l'alignement de cette rue, ce qui lui fut accordé, à condition qu'il n'y aurait aucune gêne pour le public, et que le curé, Nicolas Genée, y consentirait (20 mars 1713).

Les choses traînèrent en longueur et le 4 janvier 1714, l'alignement était donné : la rue de la Cure dût avoir 15 pieds (5 mètres) de large. Poisson eut encore à payer au Seigneur 6 deniers de cens, le 26 décembre. Le 15 juin 1715, des experts visitèrent la rue et constatèrent qu'elle avait 15 pieds et 8 pouces de large.

Pendant ce temps, François Poisson augmentait ses propriétés à Nogent. Le 24 janvier 1712, il acheta pour 3.000 livres d'autres immeubles à L. Renaud, sieur de Saint-Malo. Le 7 juin 1713, il se fit placer un banc dans l'église, chapelle Saint-Nicolas. Le 11 octobre de la même année, il vendit à Pierre-Henri Leclerc, capitaine des Charrois de feu le duc d'Orléans et à Marie-Jeanne Genée, sa femme, moyennant 1,100 livres, une maison sise devant l'église, tenant par devant à la rue des Sablons ou rue de la Cure.

Le 17 juillet 1714, François Poisson acheta à Marie-Anne Godet, veuve de Claude Le Givre et à Nicolas Le Givre, ancien capitaine, une maison sise Grande-Rue de Paris, tenant par derrière aux murs de clôture, plus environ 60 arpents de terre, plus une petite maison, située rue de la Cure, moyennant 7,000 livres de principal (répertoire du notaire).

A cette époque, il était encore célibataire et prenait

les qualifications de directeur et commissaire des vivres.

Deux ans environ après, le 15 février 1717, François
Poisson acheta la maison de l'Hôtel-Dieu de Nogent,
par devant Philibert Véron, notaire, et cela en présence
du curé, des administrateurs, du procureur fiscal, du
trésorier de l'Hôtel-Dieu, des notables habitants et du
commis voyer ; on prit cette détermination par suite de
l'inutilité de l'Hôtel-Dieu, du revenu insuffisant et des
réparations qu'il y avait à faire. Cette maison était atte-
nante aux propriétés de François Poisson. Il tint à
s'agrandir encore, et on lui céda une partie du fossé ou
canal qui régnait depuis la porte d'en bas, avec permission de le combler jusqu'au bout du jardin. Il acquit le
surplus (1).

Anne Gabrielle Geneviève Le Carlier, fille de Jacques
Le Carlier, de Laon, ancien conseiller du Roi et commissaire en sa Cour des Monnaies, première femme de
François Poisson, est morte et a été inhumée dans
l'église de Nogent-l'Artaud, le 17 février 1718. Vers 1750,
les propriétés de François Poisson à Nogent avaient une
superficie d'environ 108 arpents, non compris les
maisons.

Nogent-l'Artaud ne plaisait sans doute guère à la
marquise de Pompadour, ni à Abel Poisson, duc de
Vendières, son frère, car nous ne trouvons pas de traces
de leur séjour à Nogent. Mais François Poisson, leur
père, avait pour nièce Madeleine Poisson de Malvoisin (2),
qui épousa le 4 août 1750 François Bonret d'Evigny,
fermier général, et pour neveu, Gabriel Poisson de
Malvoisin, né vers 1733, qui devint le 3 janvier 1770
maréchal des camps et armées du roi.

(1) Rédigé d'après des pièces authentiques, communiquées par
M. l'abbé Blanchard, curé de Nogent.

(2) Morte à Paris le 17 août 1754.

Déjà en 1753, un an avant sa mort (1), François Poisson avait cédé ses propriétés de Nogent à son neveu, Gabriel Poisson, de Malvoisin, qui fit de nouvelles acquisitions à Nogent, le 23 juillet 1754, le 3 février 1755, le 26 avril 1756. La marquise de Pompadour ayant perdu ses deux enfants en bas âge, en 1742 et 1754, elle l'avait désigné comme son légataire universel, dans le cas où Abel Poisson mourrait sans enfants. Elle est morte en 1764. Abel hérita de sa fortune ; il est mort le 11 mai 1781, sans enfants, et son cousin Gabriel Poisson de Malvoisin, qui habitait alors Nogent-l'Artaud, hérita de leurs biens.

A partir de cette époque, la famille Poisson disparut de la localité : les propriétés furent vendues, savoir l'habitation et les jardins au maréchal comte du Tressan (2) et la ferme au maréchal De Berchegny (3).

A. C.

---

(1) Mort le 25 juin 1754.

(2) Mort en 1783 ; s'occupa de sciences physiques et de littérature, devint Membre de l'Académie des sciences et de l'Académie Française.

(3) Son véritable nom était Bercseny. Il était né en Hongrie, prit du service en France, et fut nommé Maréchal de France en 1758. Il est mort en 1778, âgé de 89 ans. Son nom a été changé en ceux de Berkeny ou Bercheny.

CHAPITRE IX

Nogent-l'Artaud pendant la Révolution

1788. — A la date du 24 juillet, la municipalité de Nogent était ainsi composée :

> Charles-Marie-Philippe Huchet, vicomte DE LA BÉDOYÈRE, seigneur.
> GARNON DE JARCY, curé.
> SERON, Gabriel-Josse, syndic.
> BRAYER, Barthélemy.
> THOMAS, Pierre, meunier.
> ROLLAND.
> CALLOU, Louis-Robert.
> MAUCLÈRE, Jean-Clément, cultivateur.
> DECOUX, Pierre.
> PARMENTIER, Louis-Joseph.
> FLEURY.
> LECOINTRE, Louis.
> PINÇON, Claude-Jacques, greffier.

1789. — Quand le Gouvernement prescrivit la réunion des Trois Ordres et la rédaction des cahiers des plaintes et doléances, qui eut lieu à Château-Thierry, le seigneur de Nogent-l'Artaud, Huchet de La Bédoyère (1), capitaine de dragons au régiment de Monsieur, y assistait comme député de la Noblesse. Les habitants de Nogent avaient élu comme leurs trois délégués Gabriel-Josse Seron, arpenteur royal, juré et syndic municipal, Jean Sébastien Huyard, marchand de bois, et Jean-Clément Mauclère, laboureur.

La première réunion eut lieu à Château-Thierry, le mardi 10 mars 1789, à huit heures du matin, dans l'église du couvent des Cordeliers, qui est le Collège actuel, et de là, les députés du Tiers-État se rendirent dans la grande salle de l'Hôtel de Ville, sous la présidence de Pintrel de Louverny.

Après la prise de la Bastille et la fameuse nuit du 4 août 1789, l'Assemblée nationale avait prescrit la formation des milices nationales par toute la France, et le 30 août, Nogent avait formé sa milice. Parmentier était élu commandant en chef; Barthélemy Brayer, commandant en second.

---

(1) *Acte de décès de Noël-Florimond Huchet, comte de La Bédoyère.* (ÉTAT-CIVIL DE NOGENT.)

« Haut et puissant seigneur, Messire Noël Phlorimond Huchet, comte de La Bédoyère, seigneur haut justicier dés terres et seigneuries de Nogent-l'Artaud, Pavant, Saulchery, Commenan et autres lieux, décédé le second jour de may de l'année mil sept cent quatre-vingt-neuf, à l'âge de soixante-dix-neuf ans et deux mois, après avoir reçu les derniers sacrements avec la plus grande édiffication (*sic*), en son vivant époux de haute et puissante dame Marguerite-Angélique Costé de Saint-Supplix, dame en partie de la baronie de Crespon, de Vaux et Grais-sur-Mer, d'Harfleur, Saint-Supplix, Buglise, Saint-Barthelemy et autres lieux, a été inhumé par nous prêtre curé soussigné en la chapelle de la Vierge de cette église, dans un caveau fait exprès, suivant les ordonnances, avec les cérémonies d'usage, en présence de haut et puissant seigneur Messire Charles-Marie-Philippe Huchet, comte de La Bédoyère, capitaine de dragons du régiment de Monsieur, seigneur haut justicier desdites terres de Nogent, Pavant, Saulchery et autres lieux, son fils, et encore en présence de Messieurs les curés de Pavant, Saulchery, Villiers, Bassevelle, et autres curés et témoins qui ont signé avec nous le lundy quatre may mil sept cent quatre vingt-neuf. »

Signé : VASSAN, BOISROUVRAYE, ETC., ETC.

La loi avait également prescrit l'élection de notables habitants pour assister comme adjoints à l'instruction des procès criminels : c'était une sorte de jury. Le 25 décembre 1789, Nogent avait formé sa liste qui était ainsi composée :

> Huvier, maître chirurgien.
> Huyard, Jean-Sébastien, marchand de bois.
> Morin, François-Théodore, maître chirurgien.
> Jossé, François-Nicolas.
> Brayer, Claude, aubergiste.
> Lhomme, Jean-Charles, cultivateur.
> Salmon, Pierre, cultivateur.
> Pinçon, Jacques.
> Lefort, boucher.
> Garnier, maréchal.
> Couesnon, maçon.
> Hubier, tonnelier.

1790. — Une autre loi du 14 décembre 1789 avait réglé la nouvelle organisation municipale pour toute la France, et le 6 janvier 1790 parut le décret pour la convocation des assemblées primaires pour la nomination des maires, des officiers municipaux et des notables qui devaient être nommés à l'élection par les citoyens actifs de la commune, c'est-à-dire par les citoyens français, âgés de plus de 25 ans, domiciliés depuis un an au moins dans le pays, payant une contribution locale de trois jours de travail, et non serviteurs à gages.

Le 23 janvier eurent lieu les élections qui donnèrent les résultats suivants :

Maire : Sebron, Gabriel-Josse.

Officiers municipaux : Jossé, François-Nicolas ; Huyard, Jean-Sébastien ; Salmon, Pierre ; Mauclère, Jean-Clément, et Parmentier, Louis-Joseph.

Notables : Thomas, Bruneau, Garnier, Couesnon, Huvier, Jarry, Rolland, Pinçon père, Morin, Cl. Brayer, Béchard et Sénicourt.

Seron, fils du maire, fut élu secrétaire-greffier. Il garda ces fonctions jusqu'au 18 novembre 1790 et fut remplacé par Robert-Raphaël Genouville.

Le maire, les cinq officiers municipaux et les notables, en nombre double, formaient le Conseil général de la commune.

Il y avait en outre un procureur de la commune, également nommé à l'élection et qui était le représentant du Gouvernement dans la commune.

A cette époque, le couvent de Nogent comptait dix-huit religieuses clarisses. L'article 1er de la loi des 13-19 février 1790 disait : « La loi constitutionnelle du Royaume ne reconnaîtra plus de vœux monastiques solennels des personnes de l'un ni de l'autre sexe : en conséquence, les ordres et congrégations réguliers, dans lesquels on fait de pareils vœux, sont et demeurent supprimés en France, sans qu'il puisse en être établi de semblables à l'avenir. »

Les religieuses du couvent étaient :

> Marie-Catherine-Marguerite Raulin, de Meaux, supérieure depuis le 24 octobre 1742.
> Catherine-Claudine-Martine Murphy (sœur Marie).
> Marie-Françoise Perrot (sœur Claire), de Reims.
> Marie-Jacqueline Leclerc.
> Marie-Louise Dupuis.
> Marie-Jeanne Parichaux.
> Marguerite-Catherine Renault.
> Françoise-Jeanne Daulnoy.
> Catherine Hory.
> Marie-Madeleine-Anne Cariat.
> Marie-Jeanne-Geneviève-Anne Noel.
> Marie-Madeleine-Claire Parmentier.
> Catherine-Jeanne Thomas.
> Anne-Angélique Leclerc.
> Marie-Marguerite Jacques.
> Marie-Barbe Capelle.
> Marie-Anne-Catherine Pecquigny.
> Françoise Osborne.

Par la loi des 26 février et 4 mars 1790 qui divisait administrativement la France en départements, districts, cantons et communes, Nogent-l'Artaud fit partie du canton de Chézy-l'Abbaye.

1791. — Mais les événements se précipitaient. L'Assemblée nationale, après avoir décrété la vente des biens du clergé (13 mai), décréta les 12 juillet et 22 août 1790 la Constitution civile du clergé et l'obligation pour les curés d'avoir à prêter le serment civique à la Constitution ou de renoncer à leurs fonctions. Le 26 décembre 1790, l'abbé Garnon de Jarcy réunit pour la dernière fois son conseil de fabrique, puis ayant refusé de prêter le serment imposé aux prêtres, il quitta sa paroisse. Philippe-Charles Garnon de Jarcy fut remplacé par Christophe Lestaudin, vicaire de Fismes, nommé à l'élection par les fidèles, en vertu de la Constitution civile du clergé. Celui-ci se conforma aux prescriptions de la loi et fit, le 3 avril 1791, sa prestation de serment avant d'entrer en fonctions. Le curé et les officiers municipaux se réunirent chez le maire Seron ; on examina les pièces du nouveau curé et de là on se rendit à l'église. « Les officiers et les volontaires de la garde nationale ouvraient la marche, puis suivaient le nouvel élu et les officiers municipaux, tous décorés de leur écharpe. Arrivés à l'église, le procureur de la commune, après avoir fait faire silence, a dit : « Je requiers Monsieur le Maire et les officiers municipaux de Nogent de faire lire par le greffier l'extrait du procès-verbal de l'assemblée électorale du district de Château Thierry, en date du 28 mars, présente année, et l'institution canonique délivrée à Christophe Lestaudin par Marie-Maurice Rivoire, vicaire de Claude-Eustache-François Marolles, évêque du département de l'Aisne.

« Lecture faite, après avoir reconnu l'authenticité de ces pièces, Monsieur le Maire prenant la parole a dit : Au nom de la loi, au nom de tous les citoyens du département, au nom de tous les habitants de cette commune, je proclame Christophe Lestaudin curé du bourg de Nogent-l'Artaud et de toutes les annexes et dépendances de cette paroisse... »

Le curé Lestaudin prononça alors à haute et intelligible voix « avec les marques du patriotisme le plus pur » le serment suivant : « Je jure de veiller avec soin sur les fidèles qui me sont confiés, d'être fidèle à la nation, à la loi et au roi, de maintenir de tout mon pouvoir la Constitution, même civile du clergé, décrétée par l'Assemblée nationale, acceptée et sanctionnée par le roi. »

Le maire présenta alors au curé les clés de l'église ; on le conduisit à la sacristie, de là au pied de l'autel où il entonna le *Veni Creator*, puis il chanta la messe paroissiale qui fut suivie du *Te Deum*. (Archives de la commune.)

Onze jours après, le 14 avril 1791, Claude-Charles Allard, religieux cordelier confesseur des religieuses, se déclara prêt à prêter le serment, ce qu'il fit le dimanche 17 avril 1791.

Le 26 avril 1791, Lestaudin fit tenir l'assemblée générale de la paroisse, et six commissaires assistés de six autres habitants durent faire rendre les comptes aux anciens marguilliers et à l'ancien curé.

Le dimanche 26 juin, Charles Porquet, vicaire de Nogent, prêtait également le serment à la Constitution.

De leur côté, pressentant des ennuis et des tribulations, voyant leurs biens mis en vente par le décret du 13 mai 1790 et s'appuyant sur la loi des 13-19 février 1790, quelques religieuses quittèrent le couvent. Ce furent : Catherine-Claudine Martine Murphy et Françoise Perrot qui se retirèrent le 6 février 1791 ; Françoise Osborne, le 16 juin ; Marie-Jacqueline Leclerc et Marie-Louise Dupuis, le 6 février 1792. Il en restait encore treize.

La garde nationale de Nogent se réorganisa et elle élut pour officiers :

> *Commandant en second* : TRANCHANT, Georges-César.
>
> *Capitaines* : LECOINTE, Louis ;
> BOCQUILLON, Jacques.
>
> *Lieutenant* : DE BULLE, Emmanuel.
>
> *Sous-Lieutenants* : BACUS, Augustin-François ;
> JOSSÉ, Honoré-Victor.
>
> *Aumônier* : L'abbé LESTAUDIN.

Les fonctions du maire Gabriel-Josse Seron étant expirées (elles étaient fixées à deux ans), Claude-Jacques Pinçon fut élu à sa place en 1791.

1792. — On avait planté dans beaucoup de localités des arbres de la liberté. Le 3 juin 1792 les habitants de Nogent plantèrent aussi le leur. Tout le cortège, composé du maire, des officiers municipaux, escorté de la garde nationale, se rendit sur la place, où était l'arbre de la liberté. Sur l'arbre était attachée cette inscription : *Vivre libre ou mourir*, et au sommet était un bonnet de la liberté. On planta l'arbre ; le maire Pinçon adressa à l'assemblée un discours relatif à la paix, à l'ordre et à l'union, puis on se rendit à l'église et le curé entonna le *Te Deum*.

Le 14 juillet de la même année eut lieu avec une grande pompe l'anniversaire de la prise de la Bastille. Le culte était toujours convié à ces fêtes. On dressa sur la place de Nogent l'autel de la patrie pour la célébration d'une messe civique et militaire. Cette fête fut splendide, pleine d'enthousiasme ; le maire et le curé adressèrent chacun un discours aux habitants de Nogent et un *Te Deum* termina la cérémonie.

Pendant que l'abbé Lestaudin se prêtait avec empressement ou par prudence à toutes les fêtes, son prédécesseur, l'abbé Garnon de Jarcy, qui avait refusé le serment, était par la loi du 26 août, condamné à la déportation.

De leur côté, les religieuses qui étaient encore au nombre de treize, ne se croyant plus en sûreté dans leur couvent, suivirent l'exemple donné par quelques-unes d'entr'elles en 1791, et elles se présentèrent le 7 septembre 1792 à la maison commune et déclarèrent devant le maire qu'elles allaient quitter le couvent et se retirer dans leurs familles. Dans cette déclaration, elles firent connaître leur famille, leur âge à l'époque de l'entrée au couvent, la date de cette entrée et l'endroit où elles allaient se retirer. Ce furent :

Marie-Marguerite Raulin, supérieure.
Marie-Jeanne Parichaux.
Marguerite-Catherine Renault.
Françoise-Jeanne Daulnoy.
Catherine Hory.
Marie-Madeleine-Anne Cariat.
Marie-Jeanne-Geneviève-Anne Noel.
Marie-Madeleine-Claire Parmentier.
Catherine-Jeanne Thomas.
Anne-Angélique Leclerc.
Marie-Marguerite Jacques.
Marie-Barbe Capelle.
Marie-Anne-Catherine Pecquigny.

L'effervescence du peuple augmentait. Le lendemain 8 septembre 1792, on parla de fermer la ville, de veiller à la solidité de ses portes, de faire des patrouilles de nuit. Le peuple n'était pas dans l'aisance : la journée d'ouvrier se payait trente sous et il y avait beaucoup de chômage. Le 9 septembre l'exaltation était plus grande encore. Le peuple voulait se porter au couvent et en chasser de force les religieuses, s'emparer de ce qu'elles possédaient ou au moins en connaître l'inventaire. Le maire et les officiers municipaux durent intervenir. La supérieure fit savoir que l'inventaire de la maison avait été fait par des délégués de l'administration supérieure de Château-Thierry, mais qu'elle ne le possédait pas. Grâce au maire, le calme se rétablit, et le lendemain les religieuses quittèrent définitivement le couvent. Mais comme la chapelle du couvent possédait un certain nombre de reliques, ces reliques furent portées à l'église le 11 septembre par les soins de la municipalité.

La vente des biens immeubles des religieuses, prescrite par le décret de l'Assemblée nationale du 13 mai 1790, s'était effectuée insensiblement à partir du 6 mars 1791, et nous pouvons ainsi connaître la fortune du couvent en biens fonds.

DATES		IMMEUBLES	ACQUÉREURS	PRIX
1791.	6 Mars..	Petite Ferme de Nogent, terres, 2 pressoirs.....	Jean Hotzem	40.300 liv.
—	26 Mars..	30 perches d'oseraie en une pièce	Véron	270 —
—	14 Avril.	6 quartiers de vignes...	Couesnon	1.350 —
—	5 Mai...	24 arpents de terre en une pièce, au Ménil, etc....	Delabarre	23.500 —
—	21 Mai...	Ferme du Ménil, 327 arpents.................	Moncet	79.000 —
—	17 Juin..	6 arpents de terre, prés, clos, etc...............	Guillaume	1.000 —
—	20 Juin..	1 pièce de vignes........	Couesnon	1.350 —
—	22 Juin..	Une maison à Nogent..	....	1.250 —
1792.	....	Basses vignes, 4 arpents et une pièce..........	....	....
—	6 Mars..	Quatre arpents de vignes à Laval...............	Pierre	....
—	6 Mars..	Trois petites maisons...	Harpillard	3.000 —
—	4 Avril.	Moulin d'Ambreine, bâtiments, deux pièces de terre, etc..............	Pothin	16.100 —
—	5 Juillet	Ferme de Dardouret....	Huyard et Senicourt	30.900 —
—	6 Sept..	Trois petites maisons...	Jossé	2.075 —
			Total approximatif.....	200.095 liv.

Il restait encore la maison conventuelle.

Le 6 mars 1791, on avait également vendu à Sébastien Huyart et consorts, moyennant 5,875 livres, 4 arpents et demi de vignes à Nogent, dépendant du domaine du curé.

Le couvent de Nogent possédait dans l'étendue des maîtrises des eaux et forêts de Château Thierry, Meaux et Crécy-en-Brie, 304 arpents 96 perches et 13 pieds de bois et forêts, ainsi que l'a établi l'arpentage fait par François Naudé en 1749 (1).

C'étaient :

1° Le bois des *Larris*, contenant 36 arpents 43 perches et demie;

2° Le bois des *Dames*, contenant 32 arpents et demi, faisant suite à ce dernier ;

3° Le bois de la *Germainerie*, contenant 19 arpents 56 perches ;

4° La *Petite Forêt*, contenant 6 arpents 10 perches trois quarts (près de Richebourg);

5° Le bois du *Mouton*, contenant 15 arpents 51 perches 2 pieds;

6° Le bois des *Ecoliers*, contenant 2 arpents 81 perches un quart (qui lui fait suite) ;

7° Le bois de *Dardourel*, contenant 36 arpents 2 perches et demie ;

8° Le bois de l'*Aunay*, contenant 9 arpents 92 perches et demie;

9° Le bois *Hochet*, contenant 24 arpents 43 perches ;

10° Le bois de la *Malmaison*, terroir de Verdelot, contenant 21 arpents 66 perches.

Le 22 septembre 1792, l'Assemblée législative était remplacée par la Convention Nationale qui, dans sa séance, avait décrété que le Gouvernement de la France était la République. Elle fut officiellement proclamée le 25 et le maire, tous les officiers municipaux et le curé Lestaudin, pour se conformer à la loi, jurèrent « d'être fidèles à la Nation et de maintenir la Liberté et l'Égalité ou de mourir en les défendant ».

(1) *Arch. Nat.* III. Dép. de l'Aisne, n° 131.

Le 1ᵉʳ novembre 1792, Auguste-François Bacus était nommé greffier et inscrit sur le budget communal aux appointements de cent livres.

Conformément à la loi du 20 septembre 1792, qui détermine le mode de constater l'état-civil des citoyens, les registres des mariages, baptêmes et inhumations, tenus jusqu'alors par les curés, furent remis par l'abbé Lestaudin le 8 novembre 1792 à Jean-Sébastien Huyart, officier municipal, pour être dorénavant tenus par la municipalité sous la dénomination de Registres de l'état-civil.

Malgré l'effervescence qui régnait dans les esprits, les habitants de Nogent étaient demeurés fidèles au culte, car un règlement de police, en date du 24 décembre, défendit de fréquenter les cabarets pendant le service divin, et après huit heures du soir en hiver et neuf heures en été. Le même jour le commandant de la garde nationale Tranchard, demandait au Conseil général de la commune 66 livres pour l'habillement du tambour et l'acquisition d'une caisse.

Deux jours après, le 26 décembre, lendemain de Noël, avait lieu la dernière délibération du Conseil de fabrique, signée de Lestaudin, seul.

1793. — L'année 1793 fut la plus agitée ; néanmoins elle avait bien commencé. Le 17 janvier, le Conseil général de la commune avait demandé le rétablissement du marché qui se tenait les vendredis. Il fut rétabli à partir du 25 janvier. D'un autre côté, l'évêque constitutionnel Marolles avait ordonné par mandement la suppression de quelques fêtes religieuses ; le Conseil général de la commune de Nogent, à la demande de quelques habitants, décida qu'il serait passé outre et que le curé continuerait à célébrer religieusement ces fêtes. On a vu précédemment que le 9 septembre 1792 la population de Nogent s'était livrée à quelques excès et à quelques désordres dans l'ancienne abbaye. Le 22 avril, le Conseil général de la commune nomma deux experts pour constater les dégâts causés dans cette abbaye, où s'étaient installés des individus sans autorisation.

Le 16 juin, Nicolas Jossé, ayant donné sa démission d'officier municipal, fut remplacé par Charles Prévost. L'administration se trouvait ainsi composée en 1793 : *Maire* : Pinçon ; *Officiers municipaux* : Brayer, Garnier, Thomas, Huyard, Prévost. Plus les douze notables.

Il s'était formé sous Soissons un camp dépendant de l'armée du Nord, et de fréquentes réquisitions de vivres, de fromages étaient faites dans toute la contrée. Le 2 juillet 1793, Nogent dut fournir 50 sacs de blé de 200 livres. C'était une lourde charge pour la localité qui avait à peine le nécessaire pour elle : elle réclama plusieurs fois à cet égard et le Conseil général de la commune défendit à tous les cultivateurs de livrer des fourrages à leurs confrères, sous peine d'être déclarés responsables desdites fournitures vis-à vis la commune et l'État.

Chose curieuse ! malgré l'agitation qui régnait dans les esprits, Nogent demeurait toujours fidèle au culte religieux, et le 21 juillet 1793 le Conseil général de la commune fixait à 200 livres le traitement de l'organiste qui était François-Augustin Regnault, de Charly, et qui devait toucher l'orgue les dimanches et fêtes, à la messe, aux vêpres, au salut et dans toutes les fêtes civiques. Deux jours après, le 23 juillet, la Convention décrétait la fonte des cloches pour en faire des canons : chaque commune n'en devait posséder qu'une seule.

Des Représentants du peuple, envoyés dans le département de l'Aisne, avaient ordonné l'arrestation des nobles, comme suspects à la République. Le 9 août, on vint arrêter l'ancien seigneur de Nogent, Charles Marie-Philippe Huchet De La Bédoyère. Il était très aimé dans la localité où il faisait beaucoup de bien. Les habitants lui avaient des obligations. En 1789, lors de la disette, quand le blé valait 11 livres 5 sous 4 deniers le quintal, les habitants de Nogent avaient arrêté un bateau chargé de blé qui se rendait sur Paris. Un procès s'en était suivi. De La Bédoyère alla à Paris, obtint une audience du roi et l'amnistie pour ceux que la faim avait mal conseillés. Son arrestation fut comme un coup de foudre, aussi le Conseil de la commune se réunit il et adressa-t il immédiatement la réclamation suivante au District de Château-Thierry, réclamation qui honore autant ceux qui l'ont signée que ceux qui en étaient l'objet :

« Cejourd'hui neuf août mil sept cent quatre vingt treize, l'an deuxième de la République française, nous, maire, officiers municipaux et notables composant l'assemblée générale de la commune de Nogent-l'Artaud, attestons que le citoyen La Bédoyère, malade, ainsi qu'il est notoire depuis plus de cinq ans, est hors d'état d'être transporté à Château-Thierry, conformément à l'arrêté du District de Château-Thierry, et attendu le civisme dont il a donné des preuves dans tout le temps en cette commune et dont nous nous rendons caution. nous demandons que l'arrestation de sa personne, celle de sa femme et ses enfans (1) nous soient confiées, sous l'engagement que nous contractons d'en répondre.

« Fait audit Nogent, séance tenante, ledit jour et an de ce que dessus.

« Signé : Pinçon, maire ; Huyard, off. ; Béchard, not. ;
Bacus, secrétaire-greffier ; Thomas, off. ;
Louis Brayer, off. ; Garnier, off.; Claude
Prévost, off. ; Graimberg, not. »

Cette réclamation, qui nous paraît toute naturelle aujourd'hui, ne laissait pas que d'être très dangereuse

______

(1) Henri, l'aîné de ses deux fils, qui hérita plus tard de la terre de Nogent, avait neuf ans ; Charles, qui devait périr si malheureusement le 19 août 1815, dans la plaine de Grenelle, avait sept ans. — Un arrêté des Représentans Lequinio et Lejeune, n'exceptait de l'arrestation que les hommes de plus de 60 ans, les femmes de plus de 50 ans et les enfants au-dessous de 17 ans.

et très compromettante alors pour ceux qui l'avaient
signée.

Quelques jours après, on arrêtait à Charly, Henri De
La Loge de Saint-Brisson, ex-seigneur.

Malgré cette pétition, Huchet De La Bédoyère fut en-
fermé à Château-Thierry, dans la maison d'arrêt. Ses
deux fils, Henri et Charles, furent laissés à Nogent,
sous la garde de leur précepteur, au milieu d'une population qui les aimait et protégés par la sympathie que
leur père s'était acquise dans la localité.

Bien que la loi du 23 juillet eût prescrit la fonte des
cloches pour faire des canons, Nogent n'avait pas encore
rendu les siennes. Le clocher en possédait trois, dont
une pour l'horloge. Le 15 septembre, le Conseil fut
convoqué à cet effet ; mais n'étant pas en nombre, il ne
put délibérer.

Un décret de la Convention du 21 mars avait prescrit
pour toute la France la formation de comités de surveillance dans chaque commune ou section pour la
police des étrangers. Il avait aussi un peu pour mission
le contrôle des idées républicaines. Ce comité devait
être formé à l'élection. Il se composa à Nogent des
citoyens suivants, classés selon le nombre des suffrages
obtenus :

JOSSÉ, Nicolas-François.
SERON, Gabriel-Josse.
COUESNON, Louis-Juvénal.
BRAYER, Germain-Philippe.
CALLOU, Louis-Robert.
TRANCHART, Georges-César.
BONENFANT, Jacques.
BRAYER, Louis-Claude.
PARMENTIER, Louis-Joseph.
PINÇON, Jacques.
LAVECHIN, Jean-François-Nicolas.
DECOUX, Pierre.

Mais les cloches étaient toujours en place. Le 26 vendémiaire an II (17 octobre 1793), la Municipalité de Nogent reçut du District de Château-Thierry, l'ordre de faire descendre et casser les cloches, à l'exception de celle réservée par la loi pour la commune. On chargea de cette mission un nommé Bordé, qui recula devant les difficultés de ce travail. Deux jours après, le Conseil s'assembla de nouveau et la question fut ajournée.

Si Nogent tenait à ses cloches, il ne tenait pas autant à l'église de son ancienne abbaye. On avait voulu détruire tout ce qui rappelait la royauté. Le 9 brumaire an II, le Conseil général de la commune s'est réuni de nouveau et a fait savoir aux administrateurs du District de Château-Thierry, qu'aux bras de la croix du clocher de l'ancien couvent il existe des fleurs de lis, anciens vestiges de la royauté, et qu'il en existe probablement à celle de l'église, mais qu'on ne trouve pas d'ouvrier qui veuille risquer sa vie pour les faire disparaître.

Le 18 brumaire (8 novembre 1793), le fer de l'ancien couvent fut employé à faire des piques : il y en avait 224 livres.

Le même jour, 18 brumaire, le Conseil général de la commune, sur la proposition du procureur Genouville, décida que l'ancien couvent serait vendu en huit lots, ce qui eut lieu vingt jours après cette délibération. .

Sept jours après, le 25 brumaire an II (15 novembre 1793), le Conseil général de la commune, sur la demande de deux membres, reconnut qu'il existait dans l'église des vases et effets en argent, que le culte religieux n'avait jamais exigé de luxe, et il décida que, tout en laissant le culte libre, les objets dont on pourrait se passer seraient envoyés à la Convention nationale, comme dons patriotiques, pour aider aux frais de la guerre. Le maire Pinçon et le procureur Genouville furent invités par le Conseil à aller à la Convention et à lui fournir un soleil, un calice, une patène, un ciboire en argent, deux reliquaires en argent doré, une petite croix d'argent dans laquelle il y avait du bois de la vraie croix, toute la garniture en argent de la chasse, etc., etc., le tout pesant 46 marcs 5 onces. La délibération est revêtue de quarante deux signatures.

Le curé Lestaudin accompagna le maire et le procureur à la Convention.

Les choses en étaient arrivées au point que, malgré toutes les concessions qu'il avait faites aux circonstances, le curé de Nogent ne pouvait plus rester à sa cure. Le prieur curé de Charly avait pris la fuite dès le 1er novembre 1793. Celui de Nogent abandonna la sienne le 3 frimaire (23 novembre 1793) et il adressa au Conseil général de la commune la lettre suivante :

Aux citoyens Maire, Officiers municipaux, Conseil général, Comité de surveillance et généralement tous autres Concitoyens de la commune de Nogent-l Artaud,

Salut et fraternité,

Citoyens,

Tant que je me suis cru nécessaire à mon poste, j'y suis resté ; maintenant que je m'y crois inutile, je le quitte. En conséquence, je renonce à toutes les fonctions du ministère sacerdotal et me contente de l'honorable qualité de citoyen. Quant à mes lettres de prêtrise et titres d'institution à ma ci-devant cure, je déclare les avoir déposés au sein de la Convention nationale, en présence des citoyens Claude-Jacques Pinçon, maire, et Raphaël Genouville, députés de la commune à la Convention.

Fait à Nogent-l'Artaud, le tridi de frimaire de la seconde année de la République, une et indivisible.

Signé : Lestaudin.

Huit jours auparavant (15 novembre), l'évêque de Soissons, Marolle, avait également déposé ses lettres de prêtrise à la Convention.

Nogent avait enfin livré deux de ses trois cloches. Le 6 frimaire (26 novembre), les administrateurs du district de Château-Thierry, qui s'appelait alors Égalité-sur-

Marne, réclamèrent à la commune de Nogent la cloche qui restait et les autres effets en or et en argent qui servaient au culte « fanatique ». Le Conseil se déclara prêt à les rendre quand on voudrait et il commit un charpentier de Chézy, nommé Latizeau, qui, moyennant 30 livres, se chargea de descendre la cloche. En même temps on fit l'inventaire de ce qui restait du culte catholique, on pesa les effets d'argent de l'église pour les envoyer ainsi que la cloche à Égalité-sur-Marne.

On faisait une sorte de chasse aux suspects : le décret du 17 septembre 1793 ne les épargnait pas. Le 7 frimaire an II (27 novembre 1793), le citoyen Tronchon, brigadier de l'armée révolutionnaire à Égalité-sur-Marne, vint à Nogent, qui s'appelait alors Nogent la-Loi, pour y effacer les vestiges du vasselage. Il s'enquit auprès du maire qui lui répondit qu'il n'y avait pas de suspects à Nogent, et que, quant à lui, il avait toujours cherché à remplir les décrets de la Convention nationale et ne s'était jamais arrêté aux principes de l'église fanatique, et que pour preuve il avait déposé au sein de la Convention 46 marcs 5 onces d'argenterie provenant de l'église, que le surplus et la cloche étaient prêts à être envoyés.

Le 8 frimaire an II (28 novembre 1793), conformément à la décision du Conseil général de la commune du 18 brumaire, la maison conventuelle, les bâtiments, cours, jardins en dépendant, contenant le tout trois arpents et demi, furent vendus en huit lots moyennant 30,075 livres, à

Couesnon, Juvénal	1.575	livres.
Caliou	1.800	—
Caignon et Pottier	2.400	—
Remiot	1.975	—
Caignon	2.050	—
Maingon, de Château-Thierry	2.025	—

Arnault, de Château-Thierry...... 15.600 livres.
Griffaut, de Romeny.............. 2.650   —

Le 30 frimaire an II (20 décembre 1793), le Conseil général s'occupa des impositions de la commune qui s'élevaient à 22,120 livres.

Les fonctions de secrétaire-greffier de la commune et de tambour de ville pouvaient se cumuler. Le 7 nivôse (27 décembre 1793), le greffier Bacus accepta, moyennant une allocation de 50 livres, les fonctions de tambour. Si ses roulements ressemblaient à son orthographe, ils laissaient beaucoup à désirer.

Le lendemain, 8 nivôse (28 décembre), le procureur de la commune était attaché au magasin militaire des subsistances à Égalité-sur-Marne et donnait sa démission de procureur. Le 20 nivôse (10 janvier 1794), Louis-Robert Callou fut élu à sa place.

1794. — L'humanité avait toujours ses droits à Nogent et le Conseil général de la commune mit une grande insistance pour obtenir la mise en liberté, sous sa propre responsabilité, de l'ancien seigneur, Huchet de La Bédoyère. Le 10 pluviôse an II (29 janvier 1794), le Conseil général se réunit à ce sujet. Plus de trente signatures appuyèrent la demande faite par le Conseil, et parmi elles se lisent celles de Pinçon, maire ; Garnier, L. Brayer, Jossé, Huyard, Decoux, Graimbert, Philippe Brayer, Seron, Henry, Bocquillon, Callou, Thomas, Fredingue, Hubier, Mauclerc, Pasquier, Simon, Mauge, Prieur, Rhabillier, Bacus, etc.

On faisait à Nogent de nombreuses réquisitions de blé, d'avoines, d'objets de vêtement pour l'armée, et nous y voyons des envois de souliers, chemises, draps, etc. Le 14 pluviôse an II (2 février 1794), une quête faite à Nogent produisit assez pour envoyer à l'armée 34 paires de souliers, 65 chemises, 2 draps, etc., etc.

Le curé ayant quitté son presbytère et le culte catholique étant supprimé, le Conseil général de la commune, conformément au décret de la Convention, loua les granges, jardins, etc., de la cure, par adjudication aux enchères, à Jacques-François Brunet (142 livres), à Lavechin (26 livres), à Lecointre (70 livres), à Béchard (13 livres). Cette adjudication eut lieu le 29 pluviôse an II (17 février 1794).

Le même jour 29 pluviôse an II (17 février 1794), Charles-Marie-Philippe Huchet de La Bédoyère, qui avait son domicile politique à Paris, rue de la Planche, Faubourg Saint-Germain, n° 503, section du Bonnet rouge, mais qui était toujours détenu à Égalité-sur-Marne, avec sa femme, demanda qu'on lui déléguât deux officiers de santé pour certifier que lui et sa femme étaient dans l'impossibilité de se rendre en personne pour renouveler leur certificat de résidence à Paris. Huvier de Nogent et Muguet d'Égalité-sur-Marne furent désignés à cet effet.

Le 5 floréal an II (24 avril 1794), l'ancien curé de Nogent, Lestaudin, devenu agent national à Égalité-sur-Marne, pour l'exploitation révolutionnaire du salpêtre, dans l'enclave du district, vint à Nogent-la-Loi pour y rechercher le salpêtre.

Deux jours après, un autre agent national d'Égalité-sur-Marne, Pierre-Anselme Peschard, fut envoyé à Nogent pour visiter les papiers de La Bédoyère relatifs aux droits seigneuriaux qu'il pouvait avoir. Il était accompagné du maire Pinçon et de La Bédoyère qui avait été amené sur les lieux. Tous les papiers, titres, actes de foi et hommage et tous les autres actes établissant des droits féodaux ont été brûlés sur la place publique, ainsi qu'une masse de registres, papiers, parchemins, concernant la commune de Nogent-l'Artaud, à la réserve de deux terriers qui sont restés à la commune pour servir de renseignement sur les propriétés particulières des habitants. De La Bédoyère remit une quantité d'autres papiers dépendant de la Justice et du Greffe de Nogent, ainsi que de Pavant et de Saulchery, lesquels ont été réunis en liasse et envoyés dans ces deux communes pour y être brûlés. Malgré une minutieuse perquisition, beaucoup de titres de propriétés et de pièces particulières ont pu être sauvées et sont entre les mains de notre collègue, M. le Comte de Keroüartz, petit-fils par alliance de Charles-Marie-Philippe Huchet de La Bédoyère et propriétaire actuel du château et des terres de Nogent-l'Artaud.

Si l'on avait renversé la religion catholique et proscrit ses ministres, on avait bien vite reconnu qu'il fallait une religion à la nation et que le culte proposé à la déesse Raison ramenait au paganisme. Dans la séance du 18 floréal an II (7 mai 1794), la Convention avait déclaré qu'elle reconnaissait l'Être Suprême et l'immortalité de l'âme, et qu'une fête nationale et religieuse devait être célébrée par toute la France. On fixa au décadi 20 prairial (8 juin), la fête dite de l'*Être Suprême*, qui devait être célébrée d'après un rituel qui fut envoyé dans tous les districts pour être transmis aux communes.

Cette fête fixée à un décadi coïncidait précisément avec le jour de la Pentecôte. Sur la place publique de Nogent on éleva une montagne symbolique avec des moellons, des charpentes, de la terre et du feuillage. Tout le Conseil général précédé du maire, escorté de la garde nationale, partit de la maison commune pour se rendre sur la place publique, au pied de la Montagne. Le maire et l'agent la gravirent, prononcèrent chacun un discours patriotique et on entonna l'hymne suivant dédié à l'Être Suprême, composé par Desorgues et envoyé dans toutes les communes :

Père de l'Univers, suprême intelligence,
Bienfaiteur ignoré des aveugles mortels !
Tu révélas ton être à la reconnaissance
    Qui seule éleva tes autels (*bis*).

Ton temple est sur les monts, dans les airs, sur les ondes,
Tu n'*as* point de passé, tu n'as point d'avenir ;
Et, sans les occuper, tu remplis tous les mondes
    Qui ne peuvent te contenir.

Tout émane de toi, grande et première cause,
Tout s'épure aux rayons de ta divinité.
Sur ton culte immortel la morale repose,
    Et sur les mœurs la liberté.

Pour venger leur outrage et la gloire offensée,
L'auguste Liberté, ce fléau des pervers,
Sortit au même instant de ta vaste pensée
    Avec le plan de l'Univers.

Dieu tout puissant ! Seule elle a vengé ton injure,
De ton culte elle-même instruisant les mortels,
Leva le voile épais qui couvrait la nature
    Et vint absoudre tes autels.

O toi qui du néant, ainsi qu'une étincelle,
Fis jaillir dans les airs l'astre éclatant du jour,
Fais plus... verse en nos cœurs ta sagesse immortelle,
    Embrase-nous de ton amour !

De la haîne des rois anime la patrie ;
Chasse les vains désirs, l'injuste orgueil des rangs,
Le luxe corrupteur, la basse flatterie,
    Plus fatale que les tyrans !

Dissipe nos erreurs, rends-nous bons ; rends-nous justes ;
Règne, règne au delà du Tout illimité :
Enchaine la nature a tes décrets augustes,
    Laisse à l'homme sa liberté.

La cérémonie terminée, les corps constitués furent reconduits à la maison commune aux cris de : Vive la République !

Sept semaines après, le 10 thermidor an III (28 juillet 1794), Robespierre, qui avait été à Paris le héros de la fête de l'Être Suprême, périssait à son tour sur l'échafaud, et sa mort mettait un terme au règne de la Terreur. La Convention éprouva un grand soulagement ; la France respira et les portes des prisons s'ouvrirent. De La Bédoyère fut rendu à la liberté.

Le culte catholique fut rétabli et le premier desservant qui revint à Nogent, après deux ans de suspension du culte fut l'abbé Gérard.

Les différents coups d'État, ou violation de la légalité politique, n'eurent aucun retentissement dans la commune de Nogent, qui avait repris ses habitudes d'ordre et de travail, et qui comprenait que c'était ailleurs que sur la place publique qu'elle trouverait le calme et la tranquillité.

1799. — Le Coup d'État de brumaire (9 novembre 1799), qui mettait fin au Directoire, abandonnait entre les mains d'un seul homme le sort de la France. Le 22 frimaire an VIII (13 décembre 1799), une nouvelle Constitution, dite Constitution de l'an VIII, était proposée à l'acceptation du peuple. Trois consuls étaient à la tête du gouvernement. Le premier consul, Bonaparte, était le maître du pays ; il mit la main sur le suffrage universel, et les communes furent administrées par un maire, un adjoint et un Conseil municipal nommés par le préfet du département. En vertu de cette Constitution, Denis-Charles-François Mauge du Bois des Entes, ex-membre de la Cour des aides de Paris, fut nommé maire de Nogent-l'Artaud, et Gabriel-Antoine-Ovide Seron, notaire, fut nommé adjoint. Les dix conseillers municipaux furent : Seron père, Deroche, Huyard, Mauclère aîné, L. Delorme, Claude Jacques Pinçon, Pierre-Gabriel Mauge, Louis-François Brayer, Louis-François Prévost et Josse père.

Le XIXᵉ siècle commençait, et le pays semblait avoir besoin de repos, après ces dix dernières années qui l'avaient si profondément agité et qui avaient vu périr et disparaître tant de gens et tant de choses. Il révéla de grands caractères, et Nogent s'est montré à la hauteur des circonstances. Un homme surtout mérite d'être cité, ce fut Claude-Jacques Pinçon, qui fut maire de Nogent pendant la période la plus agitée de la Révolution : c'est sur lui qu'incombèrent toutes les charges d'une administration hérissée de difficultés et de périls. Pinçon était un modeste bourrelier, mais c'était un homme doué d'un grand bon sens. Il fit preuve d'une remarquable habileté, de beaucoup de présence d'esprit et de dévouement pour son pays, faisant passer les affaires de la commune avant les siennes propres. La commune de Nogent lui doit une grande reconnaissance.

Huchet de La Bédoyère, après un an de détention à Château-Thierry (9 août 1793 — 29 juillet 1794), revint à Nogent au milieu des siens. Le reste de sa vie s'écoula tranquille, tantôt à Nogent, tantôt à Paris, où il mourut le 3 mai 1809, à l'âge de 58 ans, laissant à ses deux fils un beau nom qu'ils portèrent dignement, l'un comme bibliophile, l'autre sur les champs de bataille.

Claude-Jacques Pinçon est mort le 9 juillet 1826 à Connigis, canton de Condé-en-Brie.

A. C.

CHAPITRE X

Le Couvent, les Abbesses, les Bâtiments

I

Le Couvent de Nogent-l'Artaud avait été fondé le 29 juin 1299, par Blanche d'Artois, reine de Navarre, comtesse de Champagne et de Brie, ainsi qu'on le voit sur une inscription actuellement dans l'église de Nogent. En prenant pour guide la *Gallia Christiana* (1), dont nous rectifierons quelques erreurs, d'après des documents puisés à la Bibliothèque Nationale et dans quelques manuscrits authentiques, nous pouvons donner la suite des abbesses jusqu'à la suppression du couvent, en 1792.

1. ADELINE paraît avoir été la première abbesse. Elle eut des difficultés avec Ferry ou Ferricus, curé de la paroisse, qui n'avait pas vu sans ombrage s'élever une église à côté de la sienne. Le différend s'arrangea moyennant la cession au curé par les religieuses de

_____

(1) *Gallia Christiana*, t. IX, col. 504.

deux arpents de pré dans la prairie de Nogent, la veille
de la Trinité, en 1303.

Jusqu'à Jeanne de Ferrières, en 1380, il règne un peu
d'incertitude sur l'ordre chronologique des abbesses.

La *Gallia Christiana* les présente dans l'ordre suivant :

2. Madeleine I, de Bolet.
3. Béatrice de Poltron.
4. Jeanne I, la Maréchalle.
5. Jeanne II, de Bolet.
6. Jeanne III, *Parisienne*.
7. Jeanne IV, *de Focis*.
8. De Garra, la Louve.
9. Madeleine II, de Pontoise.
10. Marie I, Du Val.
11. Jeanne V, *Pignorine*.
12. Jeanne VI, de Ferrières ou Feignières, fonda des
messes pour le repos de l'âme de Charles V, bienfaiteur
du couvent.

13. Ada de la Porte fit un traité avec le chambrier
de Saint-Germain-des-Prés, relativement à des mesures,
le 7 août 1425 et le 24 février 1426.

Sous son administration, le couvent eut à souffrir de
la présence des Anglais qui le ravagèrent à plusieurs
reprises (1422 à 1427). Néanmoins, bien qu'ils aient été
expulsés de nos contrées, ils tentèrent quelques mou-
vements offensifs, dont le couvent eut encore à souffrir.
Les religieuses prirent la fuite.

Pendant leur absence, des Franciscains administrè-
rent leurs biens temporels jusqu'au 13 mars 1477.

14. Jeanne Teste, religieuse de Longchamp (1), vint

(1) Longchamp, vis-à-vis Surènes, dans le bois de Boulogne ; abbaye
fondée vers 1256, par Isabelle de France, sœur de Saint-Louis.

avec sept autres religieuses, parmi lesquelles était Pétronille de Lorris, qui était de l'abbaye de Saint-Marcel de
Paris. D'autres anciennes religieuses revinrent, et le
nombre s'éleva à vingt. Elles parvinrent à rétablir le
couvent, à le relever de ses ruines, à rebâtir le cloître et
la chapelle. Les religieuses partagèrent avec le baron
de Nogent, Jean d'Aillon, une partie de la seigneurie.
Mais la cure demeurait toujours à l'abbé de Saint-Germain-des-Prés.

Jeanne Texte et Pétronille de Lorris moururent en
1501.

15. ALIÉNOR ou ELÉONORE DE RUSTAN succéda à Jeanne
Teste en 1501. Elle venait de l'abbaye de Saint-Marcel
à Paris, et elle mourut la même année, le 22 août.

16. YOLANDE DE LUXEMBOURG lui succéda, et après huit
mois d'administration elle fut élue abbesse par les religieuses Clarisses de Montcel (1), en 1509.

17. PHILIPPINE DU PUY fut abbesse de 1509 à 1529,
époque de sa mort. Au mois de juillet 1513, elle obtint
des lettres de garde, par lesquelles le roi assignait pour
gardiens aux religieuses tous les huissiers de son
royaume et ordonnait que leurs procès fussent jugés
par le Prévôt de Paris ou son Lieutenant. Ces lettres,
signées de Louis XII, ont été données à Vincennes (2).

18. JEANNE VIII DIGNE fut élue au mois de mai 1529.

19. MADELEINE III DE BRIE lui succéda. Les religieuses
avaient refusé de payer la dîme que les abbés de Saint-

---

(1) Montcel, près Pont-Sainte-Maxence, diocèse de Beauvais.
[2) *Arch. Nat.* Sect. judic. par Bannière du Châtelet, t. I, f° 461.

Germain-des-Prés prétendaient prendre sur 47 arpents ou environ de terres labourables et sur 3 arpents et demi de vignes qui leur appartenaient. Il y eut une transaction entre les deux parties, le 12 août 1538, et les religieuses promirent des prières pour chaque religieux de Saint-Germain qui décéderait. Elle donna sa démission.

20. GABRIELLE DE CONFLANS fut, d'après la *Gallia Christiana*, nommée abbesse, et elle fit de nouvelles conventions avec les moines de Saint-Germain-des-Prés, le 22 août 1560. Ces conventions furent signées par Madeleine de Brie. Elle n'a dû exercer le pouvoir de l'abbesse que d'une façon provisoire, car deux pièces authentiques indiquent Charlotte d'Allonville comme ayant succédé à sa tante Madeleine de Brie. Voici l'une de ces pièces : « Très chières et bien aimées, d'aultant que nous sommes duement advertis que pour la vieillesse et indisposition en laquelle est déduicte dame Magdeleine de Brie votre abbesse, elle ne peult doresnavant vacquer au régime et administration du spirituel et temporel de votre Monastère et que à ceste cause, vous êtes en délibération de pourvoir à l'élection de l'une d'entre-vous pour suffire et satisfaire audit gouvernement et administration en la place de ladite Debric qui se veult volontairement desmettre es mains du couvent soubs espérance que l'on aura esgard à sa niepce qui est professe et nourrie dès l'âge de trois ans en votre couvent. Toutes fois, craignant que, à la sus citation de quelques cordeliers provinciaulx, l'on procédast à l'élection d'une aultre après qu'elle se sera desmise de sa charge et administration, nous vous avons bien voulu faire la présente pour vous dire que nous voulons que vous n'ayez à faire élection d'aultre que de Charlotte d'Allonville, nièce de ladite De Brie, tant pour le gouvernement spirituel que pour le temporel... » Cette lettre est datée du 19 août 1568.

FRAGMENTS DE PIERRES TOMBALES DE RELIGIEUSES

21. CHARLOTTE D'ALLONVILLE fut élue et resta en fonction jusqu'en 1590.

22. GUILLELMINE MARTEAU lui succéda au mois d'avril 1590 et mourut en 1593.

23. PHILIPPINE DESSASSES administra l'abbaye depuis 1593 jusqu'au 21 novembre 1597, époque où elle se démit en faveur de Marie Le Picart.

24. MARIE II LE PICART qui était une religieuse dominicaine de Poissy fut élue abbesse au mois de février 1598. Elle était fille de Germain Le Picart, conseiller, et de Barbe Boiste, son épouse, Elle est morte le 11 mars ou septembre 1612. Sa pierre tombale a été retrouvée et gravée par M. Adolphe Varin. Elle avait été sciée en deux parties et servait de marche. Ce qui reste nous la représente vêtue en costume de religieuse, et autour on lit : « DAME MARIE LE PICART, FILLE DE MESS^re GERMAIN LE PICART CON^er, ET DE DAMOY^lle BARBE BOISTE REL. » Son acte de décès est dans les registres de la commune.

Elle était démissionnaire depuis le mois de février 1610.

25. ANNE DE MARLE lui succéda au mois de février 1610. On trouve à la Bibliothèque Nationale la pièce suivante : « Reçu 25 fr. de rentes par quartier, constituées sur les greniers à sel de Paris ; cette rente avait été vendue et transportée par François de la Rama, Seigneur du Plessis Henault (1). »

Vendue par le prévôt des marchands et échevins de Paris, le 18 janvier 1537, elle était à prendre sur les

---

(1) *Bibl. Nat.*, mss., J. Fr. 25,978, 3,424.

— 154 —

magasins de grenier à sel d'Amiens, Roye, Alençon,
Saint Quentin, etc., etc. Anne de Marle est morte le
1ᵉʳ février 1622. Sa pierre tombale a été retrouvée par
M. Mayeux, à Château-Thierry. Elle recouvrait un petit
mur de jardin d'une maison de la rue du Château et,
bien qu'elle soit brisée, on peut lire l'inscription sui-
vante : « CY GYST MADAME ANNE DE MARLE, JADIS TRÈS
DIGNE ABBESSE DE CÉANS LAQUELLE APRÈS UNE VIE EXEMPL...
FINALEMENT TRESP... ...N DE GRACE MIL SIX ... VINGT-DEUX
.... DE FEBVRIER... (1)

26. MARIE III DE BEAUVAIS fut élue au mois de février
1622. Elle eut pour trésorières Nicole Duval et Elisabeth
Charlet. La guerre étant survenue (période française de
la guerre de trente ans), les Espagnols envahirent la
France et pénétrèrent dans l'Oise jusqu'à Corbie. Nos
contrées eurent à souffrir des passages de troupes. Marie
de Beauvais se retira à Meaux en 1635 où elle mourut
l'année suivante.

Sous son administration, en 1634, les religieuses
obtinrent d'Urbain VIII une Bulle prescrivant que
l'élection des abbesses aurait lieu tous les trois ans,
avec réélection possible.

27. ELISABETH CHARLET fut élue abbesse en 1636 et elle
eut pour trésorière Nicole Duval. Elle est morte, d'après
la *Gallia Christiania*, en 1656. M. Ad. Varin a retrouvé les
fragments d'une pierre tombale, qui est probablement
la sienne. On lit : « ICY REPOSE LE CORPS DE MADAME ET
TRÈS RÉVÉRENDE ABBESSE DE CE ROYAL MONASTÈRE. L'ES-
PACE..... ELLE A ÉTÉ..... LE 24 MARS 1656. »

(2) *Annales Soc. Hist.* 1873, p. 198.

28. Marguerite de Lesguisé d'Aigremont fut élue, d'après la *Gallia Christiana*, le 2 janvier 1645 ; elle resta en fonctions jusqu'en 1654 (1).

29. Marie IV de Beauvais fut élue le 30 avril 1664. Le 16 septembre de la même année, elle se rendit à Paris, au Couvent de Saint-Marcel, avec Madeleine Le Breton de Villandri. Elle est morte en 1668.

30. Pétronille Brayer fut élue le 19 novembre 1668 ; elle est morte le 13 juin 1670.

31. Louise I Petit fut élue au mois de juin 1670. Elle eut pour trésorières Madeleine Davery et Marie Nivet. Du consentement des religieuses, elle remit l'abbaye et l'élection de l'abbesse entre les mains du roi, les religieuses renonçant aux élections à faire. C'est pourquoi le roi avait nommé le 24 juillet 1671, Elisabeth Charles d'Esbly, par suite de la démission de Louise Petit et à la prière des religieuses. Le roi lui permit de prendre possession de l'abbaye le 20 septembre 1672, à la condition qu'elle obtiendrait ses bulles dans l'espace de six mois. Trois ans s'écoulèrent ainsi, sans l'obtention des bulles. Les religieuses élurent de nouveau Louise Petit le 18 juin 1673. Cette élection ayant été désapprouvée, le roi confirma Elisabeth Charles d'Esbly le 27 septembre 1673; il prolongea de six mois pour l'obtention des bulles. Ne les ayant pas obtenues, Elisabeth ne gouverna pas l'ab-

---

(1). Il doit exister une erreur dans la *Gallia Christiana* qui n'indique pas d'abbesse de 1654 à 1664. Il existe à la *Bibl. Nat.* Mss. f. fr., n° 3427, un reçu signé de Marie de Beauvais, abbesse en 1650 : Madeleine Grossier était trésorière. C'est probablement Marie III qui remplaçait Marie de Lesguisé. Quant à la date 1654, époque où Marie de Lesguisé cessa ses fonctions, nous supposons qu'il y a une faute d'impression et qu'il faut lire 1664.

— 156 —

baye et ne peut être comptée parmi les abbesses. Louise Petit est morte le 2 avril 1676.

32. Geneviève de Thiville fut élue le 28 mars 1676 et est morte au mois de mai 1687. Elle eut pour trésorières Marguerite Richard et Catherine de Villambray d'Ansbourg.

33. Claudine Bobé ou Babé lui succéda depuis le 24 juin 1687 jusqu'en 1690 (1).

34. Catherine I Rolland fut élue le 7 juin 1690 et fut abbesse jusqu'en 1693.

35. Marguerite 1 Richard fut élue le 20 juin 1693 et mourut le 31 mai 1694.

36. Marguerite II Potel fut élue le 28 juin 1694 et se retira à l'expiration des trois ans, le 4 octobre 1697.

37. Marguerite III d'Acolle fut abbesse depuis le 7 novembre 1697 jusqu'en 1702.

38. Catherine II de Villambray d'Ansbourg fut abbesse du 10 janvier 1702 à 1705.

39. Louise II de Beaurins fut prise à l'abbaye de Moncel le 29 avril 1705 et resta jusqu'en 1711. Elle quitta alors Nogent et fut élue abbesse de Moncel l'année suivante.

40. Marguerite II Potel fut réélue le 18 juin 1711 et elle est morte le 30 janvier 1716.

(1) Sous son administration, un procès-verbal fut fait par les religieuses contre un de leurs frères confesseurs qui les avait injuriées et scandalisées.

41. Catherine II de Villambray d'Ansbourg, qui s'était retirée en 1705 fut réélue le 6 avril 1716 et est morte le 5 octobre 1717.

42. Thérèse Dalican fut abbesse depuis le 24 janvier 1718 jusqu'au 11 mars 1724.

43. Jeanne Damoreau fut élue le 20 mars 1724, Charlotte Delamarre n'ayant pas accepté. Elle est morte le 6 juillet 1736.

44. Marguerite IV Genée fut élue le 15 juillet 1736 et se retira en 1739.

Nous trouvons à cette époque comme religieuses Marie-Anne Perrel, trésorière, Th. Dalican, H. Macé, Suzanne de Molins, Anne Veron, Barbe Jancourt, Marie-Anne Perrel, etc.

45. Thérèse Dalican fut réélue le 15 juillet 1739 et est morte le 18 octobre 1742.

46. Catherine-Marguetite Raulin fut élue le 24 octobre 1742 et elle était encore abbesse lors de la suppression du couvent, le 7 septembre 1792.

Nous avons vu dans le chapitre précédent en quoi consistaient les biens du couvent lorsqu'il fut supprimé. Beaucoup de religieuses payaient une pension viagère, qui était de 150 livres.

Les registres de la paroisse ne donnent que deux actes d'inhumation des religieuses, ce qui nous fait supposer que les religieuses avaient leur cimetière dans le couvent et leurs registres particuliers.

Deux pierres tombales ont été recueillies au milieu

des ruines de l'ancien cimetière. La première porte l'inscription suivante :

« A LA PLUS GRANDE GLOIRE DE DIEU.

« LE ZÈLE ET LA PIÉTÉ FIRENT ALIAGE AVEC LA NOBLESSE POVR METTRE LA VERTV DANS SON LVSTRE EN LA PERSONNE DE FEV SŒVR ANNE L'ÉGVISE D'AIGREMONT, RELIGIEVSE DE CE ROYAL MONASTÈRE, LA NOBLESSE LA MIT AV MONDE, LE ZELLE L'EN RETIRA POVR LA LOI DIVINE DANS LA RELIGION ET LA PIÉTÉ L'Y A FAICT VIVRE DANS VN PARFAIT AMOVR DE DIEV, VN OVBLY DE SOY MESME ET ENTIER OBÉISSANCE A SES SVPÉRIEURS ; SA VIE A PEV DVRÉ MAIS SA VERTV DVRERA A JAMAIS EN LA PRÉSENCE DE DIEV QVI LA RETIRA DE CE SIÈCLE LE DERNIER JOVR DE MAY L'AN 1643 POVR LA FAIRE VIVRE EN L'ÉTERNITÉ. PRIEZ POVR LE REPOS DE SON AME.

« Mme MARGVERITE LEGVISE D'AIGREMONT, ABBESSE DE CE LIEV, PLORANT L'ABSENCE D'VNE SI BONNE SŒVR LVY A FAICT DRESSER CET ÉPITAFFE ».

Un blason accompagne cette pierre ; il représente celui de l'abbesse.

En 1789, il y avait au couvent 18 religieuses et les revenus s'élevaient à 15.000 livres.

En 1790 (13-19 février), la loi Constitutionnelle du royaume ne reconnut plus les vœux monastiques solennels des personnes de l'un et l'autre sexe ; en conséquence les ordres et congrégations ont été supprimés.

Le 6 fevrier 1792 et le 7 septembre, les religieuses dont les noms suivent demandèrent à rentrer dans leurs familles :

Marie-Jacqueline LECLERC.
Marie-Louise DUPUIS,
Marie-Jeanne PARICHAUX.
Marguerite-Catherine RENAULT.

Françoise-Jeanne DAULNOY.
Catherine HORY.
Marie-Madeleine-Anne CARIAT.
Marie-Jeanne-Geneviève-Anne NOEL.
Marie-Madeleine-Claire PARMENTIER.
Catherine-Jeanne THOMAS.
Anne-Angélique LECLERC.
Marie-Marguerite JACQUES.
Marie-Barbe CAPELLE.
Marie-Anne-Catherine PECQUIGNY.

II

Le couvent de Nogent qui, pendant plus de cinq cents ans, a tenu une place si importante dans l'histoire de la localité, est aujourd'hui en partie détruit. Il ne reste plus que la partie occidentale du cloître qui, ainsi que l'église, avait été rebâti au xvᵉ siècle, après l'expulsion définitive des Anglais.

On pénétrait dans le couvent par une porte principale, donnant sur la place, et dont on trouve encore les vestiges entre la petite ferme du couvent et les murs du château. La porte franchie, on se trouvait dans une cour, au milieu de laquelle était un puits, qui existe encore. Le cloître était constitué par quatre corps de bâtiments en forme de quadrilatère, auxquels était adossée une galerie ou promenoir. Au milieu était la cour d'honneur ou jardin.

L'église formait le côté nord de ce quadrilatère.

Le côté sud, L-M, comprenait, au premier étage, les dortoirs avec neuf grandes baies ou fenêtres, ayant vue sur une autre cour et sur le petit bois ou bosquet du couvent. De grandes caves existaient sous cette partie,

A l'est du bâtiment et jusqu'aux murs et fossés du

couvent étaient les jardins et les bosquets s'étendant jusqu'aux murs qui les séparaient de la place dite des marronniers.

L'église, dont il ne reste plus que des ruines et une petite partie du portail, avait dix mètres de large sur cinquante mètres de long. Elle consistait en une nef sans bas côtés. Le clocher était à l'entrée de l'église, à droite, près du portail D. La porte d'entrée et une fenêtre, qui restent, font reconnaître l'architecture ogivale du xv° siècle. Le sanctuaire était vers l'orient, comme dans toutes les églises. L'intérieur de l'église était peint en blanc, avec interstices en lignes rouges, pour simuler les pierres de taille. Ces peintures sont encore parfaitement conservées sur le pignon ouest.

Actuellement, ce qui reste de cette église est divisé en deux parties inégales par un chemin de jardin, E F G H, et des pierres ont été rapportées pour clore la partie G H C D, la plus considérable, qui donne une idée de ce qu'était l'église.

Ce qui reste du clocher s'élève à une dizaine de mètres environ et les marches sont encore parfaitement conservées.

Du cloître on ne voit plus, à la partie orientale, que les restes d'un mur H K L. Sur tout le côté sud de l'église et aux points M M des murs qui restent, existent des corbeaux qui étaient les points d'appui de la galerie couverte ou promenoir. De toute la partie méridionale de l'habitation claustrale L M P K, on ne voit plus que les murs à moitié détruits. Sur la muraille L M, on retrouve les vestiges des neuf baies ou fenêtres du dortoir. Toute la partie D E M N est devenue actuellement des logements particuliers.

Le toit de l'église a disparu depuis longtemps.

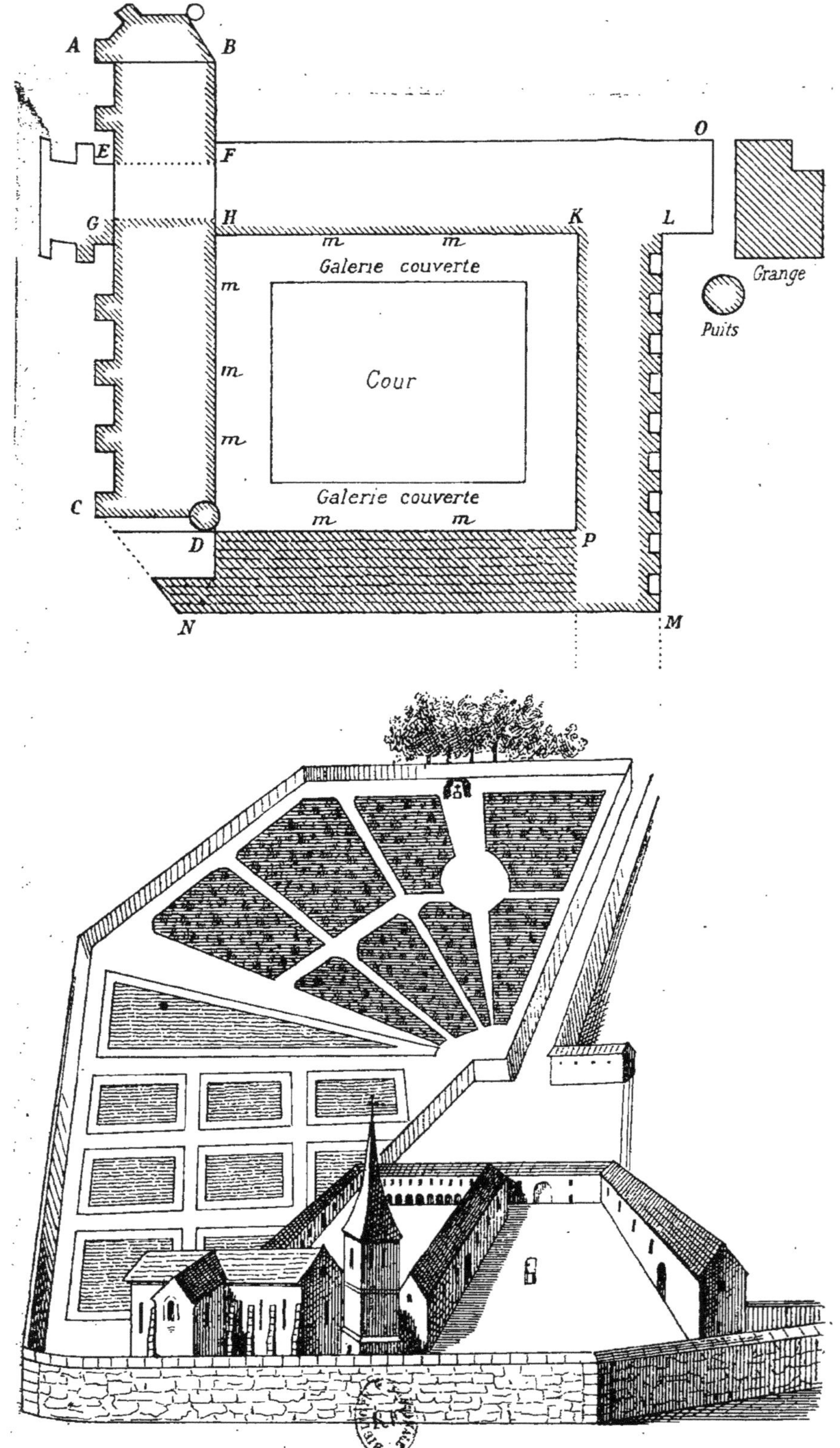

PLAN ET VUE DU COUVENT DE NOGENT-L'ARTAUD

III

Les religieuses clarisses étaient de l'Ordre de Saint-François, modifié par le pape Urbain IV en 1264, ce qui leur fit donner la qualification de religieuses urbanistes. Elles portaient le nom de *clarisses*, parce qu'elles avaient été fondées par Sainte Claire, morte en 1253, qui, jeune encore, s'était mise sous la direction spirituelle de Saint-François d'Assise. Elles possédaient un grand nombre de maisons ; celle de Longchamp, près de Paris, était la principale. Au commencement du xviii° siècle, cet ordre possédait en Europe près de neuf cents couvents. Les religieuses de Nogent suivaient la règle de Longchamp. Elles étaient cloîtrées.

Le costume consistait en une robe de serge grise, serrée d'un gros cordon de fil blanc avec nœuds. Pour le chœur ou les cérémonies, elles portaient un manteau comme la robe ; sur la tête, elles avaient un voile noir, en forme de capuce.

Dans les cérémonies, l'abbesse portait la crosse abbatiale.

A. C.

CHAPITRE XI

L'Hôtel-Dieu de Nogent-l'Artaud

Comme beaucoup de petites localités, Nogent possédait une maladrerie ou Hôtel-Dieu, ayant pour but de venir en aide aux indigents, qui étaient nombreux alors. La plupart de ces établissements étaient dûs à la générosité des seigneurs ou à des largesses royales.

La fondation de l'Hôtel-Dieu de Nogent paraît remonter au 1er mai 1311. Il existe dans les archives de la commune un dossier ayant pour titre *Hôtel-Dieu et Charité de Nogent-l'Artaud*, contenant des pièces isolées dont un grand nombre sont écrites en latin ou bien sont d'une écriture peu lisible. L'une de ces pièces indique que l'Hôtel-Dieu a été fondé par Etienne Pinagot et sa femme Isabelle, douze ans après la fondation de l'abbaye (1).

L'hôpital a commencé à posséder des propriétés vers 1482, date la plus ancienne rappelée sur les titres et, entr'autres propriétés, dix-huit arpents de terre et bois

____

(1) Dans la copie des lettres de fondation de l'abbaye de Nogent, insérée dans la ratification royale de juin 1299 (*Arch. Nat.* Trésor des Chartes, Transcr. Reg. J. Jᶜ fᵒ 99), se trouve le passage suivant qu'on ne trouve pas dans d'autres copies : « De rechef, le fossé qui est derrière la Maison-Dieu de Nogent..... »

sis au Mesnil-Haut, aujourd'hui encore appelé Bois de l'Hôtel-Dieu, acquis par un contrat en date du 6 octobre 1590.

Le 29 juin 1644, l'Hôtel-Dieu fut, par devant notaires, remis aux habitants de Nogent; mais Françoise Mocourt, religieuse du Tiers Ordre de Saint-Augustin en avait usurpé la possession. Elle se désista par un acte passé par-devant Deresmond, notaire, le 20 mars 1645.

Le 8 novembre 1666, un procès-verbal fut dressé par Claude Rousselet, lieutenant général de Château-Thierry, à l'effet d'amodier les revenus de la maladrerie de Nogent-l'Artaud, « circonstances et dépendances », à la requête du procureur du roi du bailliage, en présence de François Bruslant, receveur général des hôpitaux et maladreries de France, à laquelle sont comparus, par-devant Henry Delahaye, procureur général, les habitants et syndic de Nogent l'Artaud, qui ont dit que la maladrerie de Nogent leur appartient en toute propriété, qu'il n'y avait pas lieu d'en faire aucune adjudication, attendu que cette maladrerie n'étant pas dépendante du Grand Aumônier de France, ne rentrait pas dans la catégorie des autres hôpitaux et maladreries qui appartenaient au roi. En conséquence, les habitants se déclaraient en bonne et paisible possession de leur maladrerie, pour laquelle ils avaient passé bail pour neuf ans, le 21 novembre 1665, à Jean Menart, par-devant le juge de Nogent.

Le 11 janvier 1674, une assignation fut donnée aux habitants de Nogent devant la Chambre royale, à la requête des directeurs de l'Ordre de Notre-Dame de Mont-Carmel, pour avoir à se départir des biens appartenant à l'Hôtel-Dieu de Nogent.

Le 4 juillet 1675, Jacques Mauge devint général des biens de l'Hôtel-Dieu de Nogent.

Lorsque Dangeau fut nommé grand aumônier de France et chargé à ce titre de la direction générale des hôpitaux et maladreries, il proposa au roi la suppression d'un certain nombre de ces maladreries peu importantes. Le 24 janvier 1695, sur le rapport du Conseiller d'État Ribeyre, Louis XIV décida la suppression de beaucoup de maladreries, telles que celles de Charly, Chézy-en-Orxois, Chézy l'Abbaye, Essômes, Étampes, Nogentel, etc., et leur réunion à l'Hôtel Dieu de Château-Thierry, qui avait plus d'importance (1). La réunion de ces maladreries, qui étaient de fondation royale ou seigneuriale, se fit en général sans difficulté. Mais il n'en fut pas de même pour l'Hôtel-Dieu de Nogent-l'Artaud. Les habitants avaient fait opposition et avaient établi qu'ils étaient dûment propriétaires de leur maladrerie, qui n'était de fondation ni royale, ni seigneuriale, qu'elle ne dépendait d'aucun hôpital et « que les pauvres de la paroisse, quoique en grand nombre, n'étaient à charge ni à l'État ni à qui que ce soit ».

Mais les frais étaient considérables et dépassaient parfois les revenus : en outre l'administration ne se faisait pas avec une régularité bien remarquable. Le 15 février 1717, l'Hôtel Dieu, maison, jardins et autres biens ont été vendus à François Poisson, par le curé, les administrateurs, procureur fiscal, trésorier et notables habitants. La vente s'est faite par-devant Me Véron, notaire, en présence des habitants, du commis-voyer, du juge, procureur fiscal, etc., etc.

Il ne reste aucun vestige de la maison hospitalière de Nogent-l'Artaud, qui était située derrière la mairie actuelle, à peu près au centre de l'ancien bourg de Nogent.

L'Hôtel-Dieu de Nogent était régi par des administrateurs, parmi lesquels nous pouvons citer :

En 1389, Jean d'Aubigny et sa femme ;

(1) Corlieu, *Histoire de Charly*, 1881, p. 53.

De 1389 à 1411, Jean de Chaumont et sa femme ;

En 1411, Thomas Pinabeau et sa femme ;

Vers 1474 à 1487, Oudart Culbout ou Cilbout, receveur de Nogent ;

En 1487, Haynes Selles ;

En 1638, 23 janvier, Lafond. Sa nomination est signée des principaux habitants de Nogent. Il en fit remise le 24 septembre de la même année à Robert, chevalier, bourgeois de Paris, par-devant Fieffé et Duchesne, notaires.

Plus tard, l'Hôtel-Dieu fut administré par un trésorier et des dames de charité.

L'hôpital fut supprimé vers 1752 et transformé en Charité, c'est-à-dire que les pauvres furent toujours secourus. Une délibération du 19 février 1788 de la Municipalité de Nogent, en réponse à une demande du Gouvernement, expose que la paroisse possède une assez grande quantité de pauvres, de veuves et d'orphelins, qu'il existe une Charité ayant peu de ressources, sous l'administration d'une trésorière, Mme Hélène Gauchy, épouse de Robert Colin, notaire, et sous la direction du curé qui distribue des bons de pain et de viande aux malades, aux infirmes et aux orphelins.

La Charité paraît avoir cessé de fonctionner en pluviôse an II.

Plusieurs avertissements relatifs au paiement des contributions de l'hospice civil de Nogent, après la Révolution, fixent ainsi qu'il suit le chiffre de la contribution foncière :

En l'an XI (1803)................... 33 fr. 21
—   XII....................... 32 fr. 45
—   XIII...................... 34 fr. 34
—   XIV .... 36 fr. 36

Un arrêté du 15 ventôse an XIII (5 mars 1805), signé Corvoisier, sous-préfet de Château-Thierry, institua à

Nogent une commission chargée d'administrer le patrimoine des pauvres : ce fut l'origine du bureau de bienfaisance. Avant d'instituer cette commission, on avait fait une évaluation dudit patrimoine, ainsi qu'il ressort d'une pièce de l'an XII (10 ventôse), lettre adressée par le maire de Nogent, Mauge du Bois des Entes, au préfet du département de l'Aisne en réponse à des renseignements demandés par ce magistrat. Cette lettre réclame un dédommagement pour un arpent de terre situé sur la commune de Romeny, appartenant aux pauvres et dont le District de Château-Thierry les avait dépouillés dès les premières années de la Révolution. Cette pièce administrative fait observer que les pauvres ne possédaient plus alors que 62 francs de rentes sur l'État, reste de 192 livres qu'ils avaient sur le Clergé de France avant la Révolution et indépendamment des bois de l'Hôtel-Dieu, contenant 18 arpents, qui leur appartenaient toujours. Ces rentes étaient constituées par quatre contrats, l'un du 1ᵉʳ juillet 1750, l'autre du 12 décembre 1758, et les deux autres sans date (1). Le contrat du 1ᵉʳ juillet 1750 spécifiait une rente de 60 livres assignée sur le clergé de Soissons ; un autre du 12 décembre spécifiait une rente de 74 livres sur le clergé de Paris. Un autre contrat sans date spécifiait une rente de 48 livres sur le clergé de France, et le quatrième 18 livres sur les tailles de Château-Thierry.

Actuellement, Nogent-l'Artaud possède un bureau de bienfaisance dont le revenu est de 1,200 francs, savoir :

Rentes	750	francs
Revenu annuel de bois	350	—
Legs d'une dame	100	—

A. C.

---

(1) Archives de la commune de Nogent.

CHAPITRE XII

L'Eglise, le Cimetière et les Curés de Nogent-l'Artaud

Pour une paroisse, il n'est pas rare que l'église soit le livre historique de la localité, surtout lorsqu'elle porte en elle-même les traces de différents âges et qu'elle remonte à une haute antiquité ; livre scellé pour l'indifférent, mais plein d'instruction pour l'observateur attentif et érudit. Celle de Nogent-l'Artaud est de ce nombre. Dédiée à Saint-Germain, évêque de Paris, son patron titulaire dont la fête se célèbre le 28 mai, elle a pour patron secondaire Saint-Vincent de Sarragosse, diacre et martyr, dont la fête tombe le 22 du mois de janvier, et ces deux vocables semblent la faire remonter à l'origine de la donation de biens fonds considérables sur le territoire de Nogent, faite à l'abbaye de Saint-Germain-des Prés de Paris et dont l'inventaire d'Irminon donne tous les détails en 829 (*Dom Bouillart.*)

L'édifice compte à l'intérieur trente sept mètres de longueur et dix-sept mètres de largeur avec les bas-côtés ; il est constitué par une grande nef avec deux petites nefs collatérales séparées par dix piliers dont quatre dans le chœur de style gothique, et six dans la nef du style de la Renaissance.

L'extérieur du monument ne répond pas tout à fait à la beauté de l'intérieur, et la dernière arcade demeurée inachevée fait comprendre, comme nous le verrons plus loin, que la reconstruction de la grande nef a été interrompue par quelque cause imprévue, et que l'édifice a été ainsi privé d'un portail qui en aurait fait ressortir davantage l'élégance.

Dans les combles, des traces indiquent que la toiture des bas-côtés était autrefois détachée de celle de la grande nef, ce qui enlevait à l'édifice cet air massif que lui donne aujourd'hui le pan de toiture d'une seule et si longue portée.

Mais dès que l'on pénètre à l'intérieur, l'aspect devient saisissant. La hauteur de la voûte principale qui ne mesure pas moins de douze mètres d'élévation satisfait l'œil du visiteur. Deux styles bien distincts partagent l'ensemble du monument et témoignent qu'il est l'œuvre de différents âges.

En effet, tout porte à croire que l'église actuelle a été regreffée sur les fondations d'une ancienne église romane bâtie au milieu d'un vaste terrain servant de cimetière aux chrétiens, et touchant au domaine seigneurial de l'abbaye de Saint-Germain, vendu dans le cours du xviie siècle au seigneur de Nogent-l'Artauld. La première église ne devait consister dans le principe qu'en une croix latine et remonter au viie siècle.

Comme preuves de cette opinion, nous avons à constater :

1° L'enfoncement de l'édifice dans le sol. — Autrefois on descendait deux marches pour y entrer.

2° L'existence d'un contrefort extérieur, qu'on aperçoit encore actuellement dans l'intérieur de l'église faisant corps avec le mur de façade, dernier vestige de la vieille construction, mesurant 1^{m}20 d'épaisseur. Au-dessus des voûtes, du même côté, dans l'angle qui touche au chœur, on constate les restes d'un contrefort extérieur détruit, sans doute au moment de la construction du bas-côté nord.

3° Dans le mur de la façade actuelle existait une fenêtre romane qu'on a remplacée par une rosace lors des réparations de 1868.

4° Lorsque, en 1867, la fabrique fit remplacer les colonnes d'angle du transept nord, on a constaté que ces colonnes avaient été rapportées après coup et incrustées dans la muraille de construction antérieure, et de plus on retrouva dans cet angle d'anciens chapitaux romans dont on s'était servi pour enfermer des assises de colonnes gothiques, ce qui a été bien constaté par le curé.

5° Dans ce même transept nord, près de la piscine actuelle établie au xiii° siècle dans une porte latérale, il existe une armoire en pierre, fermée présentement par une couche de plâtre, et c'est là un signe distinctif qu'on retrouve dans les églises du style roman.

6° Derrière l'autel de la Vierge nouvellement établi, on remarquait une ogive taillée dans la muraille pour y placer la statue d'un saint ; ce qui dénote que le mur était antérieur.

7° En renouvelant, en 1872, les fondations d'un contrefort du transept nord, on a retrouvé dans les vieilles fondations une pierre de style roman ayant servi aux fonts baptismaux ; elle est encore à présent dans le tour de ronde de l'église.

D'après ces données, ce n'est pas une illusion de croire que l'église actuelle a été reconstruite sur les bases d'une ancienne église romane, dont le chevet se terminait en cintre et qu'on a remplacé au xii° siècle par un sanctuaire carré, en style gothique, avec fenêtre à lancettes, à trois compartiments pour le fond et mesurant 20 mètres d'ouverture. Les quatre fenêtres latérales du sanctuaire sont partagées par un meneau en pierre, surmonté d'une rosace à six lobes et portent le cachet du véritable style gothique. Les quatre gros piliers du chœur, construits en pierre de Nogent, sont d'une telle solidité qu'on se demande si le constructeur n'avait pas la volonté de leur faire supporter un clocher en pierre ; ils sont accompagnés de quatre colonnes qui correspondent aux différentes arcades.

Le transept nord, pour être mis en rapport avec la hauteur des voûtes du chœur, a été relevé et agrandi au milieu du xiii° siècle dans le style de l'époque. Lors de la reconstruction d'une partie de ce transept, en 1872, les ouvriers ont trouvé sur une tuile, écrite à la craie, la date 1245, époque à laquelle a eu lieu sans doute cette transformation.

Sans certitude absolue, on peut croire néanmoins, d'après ce qui a été dit plus haut, que les bas-côtés ne datent que du xiii° siècle. Comme la nef romane n'était fermée que par un plancher, ainsi que l'indique la poutre ouvragée employée (en 1567) pour servir de ferme dans la charpente, et n'ayant que 0^m15 de portée sur la muraille, les murs des bas-côtés n'ont dû être construits primitivement que pour supporter un plancher. Aussi, lorsqu'on les examine attentivement, surtout ceux du nord, on s'aperçoit qu'ils ont été regreffés pour supporter une voûte qui ne date que du xvi° siècle. Les restes d'anciens contreforts que l'on remarque dans ces murs et dans lesquels on reconnaît des débris de la première construction, prouvent que les arcades de la nouvelle nef ont été agrandies.

Parlons maintenant du transept sud. Cette partie de l'église a subi aussi une transformation vers la fin du xv° siècle. La pointe de l'ancien pignon, que l'on voit encore, atteste qu'on a voulu en le relevant exhausser les voûtes, pour les mettre en rapport avec celles du chœur et du sanctuaire. L'observateur attentif se de-

mande pourquoi les fenêtres de cette partie ne correspondent pas avec les cintres de l'arcade ? La raison en
est bien simple ; c'est qu'avec des fenêtres romanes on
a voulu faire des fenêtres de la Renaissance en les
agrandissant pour y placer des meneaux. On peut croire
que ce changement a eu lieu, vers l'an 1500, époque où
Jacques de Loan était seigneur de Nogent, car son nom
est gravé sur la clef de voûte dans la partie qui touche
à la tourelle de l'escalier du clocher.

Soixante-sept ans plus tard, la grande nef subissait
aussi sa transformation. Dans la grande nef, on voit
sur le cul-de-lampe de la niche, du côté de l'épître, la
date de 1549, époque où les travaux ont commencé. Car
sur une poutre façonnée de l'ancien plancher dont on
s'était servi comme de ferme dans la charpente d'alors,
M. Blanchart, curé de Nogent, a trouvé la date de 1567
tracée sur le bois. C'était au moment de l'établissement
d'une charpente neuve et des réparations comprises
dans la première adjudication de l'année 1868.

C'est donc pendant la minorité de Charles IX et sous
la régence de Catherine de Médicis qu'a eu lieu la construction de la grande nef, telle qu'elle existe actuellement, en style de la Renaissance. Serait-ce à la générosité de cette dernière qu'il faudrait attribuer cette entre-
prise restée inachevée on ne sait pourquoi ? Si c'était à
elle qu'on pût l'attribuer, l'interruption s'expliquerait
facilement par la guerre des protestants qui a éclaté à
l'improviste et duré sept ans. Car, sous le pavé de la
devanture de l'église, existent les fondations des piliers
de la quatrième arcade, et avant 1868, époque de l'établissement de la voûte telle qu'elle existe aujourd'hui,
on voyait, à l'intérieur, dans les trois nefs, les nervu-
res de la demi-arcade qui venaient butter contre le mur
du pignon qu'on avait bâti avec de mauvais matériaux
et qui a été impuissant pour soutenir la poussée des
voûtes. Il a fallu le reconstruire à neuf en 1868, et c'est

pour cela qu'on a établi dans la façade une fenêtre pour éclairer chaque bas-côté et une rosace pour la grande nef. Ce qui pourrait donner quelqu'apparence de réalité à cette supposition, c'est que, d'après la chronique des seigneurs de Nogent-l'Artaud, Jean Daillon, seigneur de Lude, était, vers cette époque, administrateur du domaine de Nogent pour le roi.

C'est à cette date, ou plutôt vers 1580, treize ans plus tard, qu'on releva les murs des bas-côtés pour leur faire supporter une voûte en pierre dont la poussée a produit un écartement considérable, malgré la force de résistance des contreforts construits en pierre de taille.

Pour terminer cette description, disons que l'édifice à l'extérieur est soutenu par des contreforts en maçonnerie et en pierres de taille qui soutiennent énergiquement la poussée des voûtes.

L'église, privée depuis 1790 des ressources dues à la libéralité des chrétiens, et qui consistaient en quarante-cinq arpents de propriété dont le revenu atteignait annuellement 620 livres, allait bientôt tomber en ruine. Mais, disons à la louange de la population de Nogent-l'Artaud, qu'un monument si digne d'intérêt ne devait pas périr entre ses mains.

Lorsqu'en 1860, M. Ducrocq, curé, fit disparaître le rétable du maître-autel, qui masquait la plus belle fenêtre du sanctuaire, en même temps que toutes les boiseries tombant en ruines, on aperçut bien des défectuosités. Il fallut rétablir à neuf toutes les colonnes du sanctuaire pour rendre à l'église son aspect primitif. Mais le transept nord surtout menaçait ruine.

A la sollicitation du Conseil de Fabrique et sous l'impulsion de M. Blanchart, curé, en 1862, le Conseil Municipal ayant à sa tête M. Grison, maire, prit en main la cause et voulut bien voter en douze années une somme d'environ trente mille francs. Le vote, émis en 1863, n'eut son exécution qu'en trois adjudications consécutives, 1868 — 1872 — 1876. La commune avec les secours de l'État put ainsi assurer la conservation de ce bel édifice. Honneur au président de Fabrique, M. Epiphane Pinçon ! Honneur aux deux maires intelligents, MM. Grison et Masson, qui ont si bien servi leur pays en lui conservant sa belle église, le seul monument historique qu'il possède ! C'est en 1876, au moyen d'offrandes volontaires, que la Fabrique a fait rétablir les meneaux en pierre dans les fenêtres du bas-côté sud qui ne contenaient que des arcatures en fer d'aspect désagréable.

Faisons maintenant un court inventaire des objets d'art que renferme cet édifice ;

Notons d'abord la pierre des fonts baptismaux qui consiste en un bassin de forme cylindrique en pierre dure habilement sculptée, reposant sur quatre colonnes d'angle et autour de laquelle sont dessinées des feuilles de vigne, des grappes de raisin, l'évêque en mître, pour rappeler sans doute la bénédiction du Saint-Chrême, et puis des enfants qu'on plonge dans le bassin en souvenir de l'usage antique du baptême par immersion.

Les autels sont au nombre de trois : le grand autel, celui de la Vierge et celui de Saint-Sébastien.

Les deux premiers méritent surtout d'être signalés. Ils sont l'un et l'autre en pierre sculptée et dus au ciseau de M. Morel, de Neuilly-Saint Front. Ce sont deux œuvres d'art. Le grand autel date de 1861 et a été consacré en la même année par Monseigneur Christophe, évêque de Soissons ; celui de la Vierge date de 1868 et a été béni par Monseigneur Dours en la même année.

La partie inférieure du maître-autel est à jour et porte cinq statuettes en pierre ; la partie supérieure se compose d'un fronton triangulaire présentant des gradins sur ses côtés avec tabernacle au milieu et exposition au-dessus, le tout terminé par un clocheton à jour. A droite et à gauche, sur deux pilastres, sont deux statues en bois représentant saint Germain et saint Vincent.

L'autel de la Vierge est remarquable par son élégance. La base, non plus à jour cette fois, mais d'une seule pierre fouillée, est ornée de cinq statuettes disposées chacune dans une niche et représentant les symboles suivants : *Abraham* ou la promesse, *Moïse* ou la loi, *David* tige de la famille, *Isaïe* représentant le corps des prophètes, et au milieu *la naissance de la Vierge*, sur les côtés *saint Luc* et *saint Marc*. La partie supérieure qui est un fronton triangulaire porte comme ornement trois statuettes de chaque côté figurant les anges qui soutiennent le trône de la Vierge ; de chaque côté aussi les statues de Zacharie et d'Elisabeth ornent le pilastre. Chacun des clochetons porte une statue, l'un sainte Anne et l'autre saint Joachim. Sous les pieds de la Vierge mère, on voit saint Jean-Baptiste et saint Jean l'évangéliste. La statue qui couronne ce bel œuvre est une Vierge mère du xviiie siècle ; elle est en pierre dure d'un seul morceau, finement sculptée et d'une grande valeur au jugement d'artistes distingués au nombre desquels on peut citer M. Barbey, M. de Nieuverkerke et MM. Varin, de Croutles.

On compte aussi dans l'église trois pierres tombales avec inscription. L'une d'elles est tout à fait digne de remarque ; elle remonte au xiiie siècle. Elle est en demi-relief et représente le second fils d'Artault de Nogent, en son vivant religieux et trésorier de saint Etienne de Troyes en Champagne, monastère de 72 prébendes, fondé en l'honneur des 72 disciples de Notre Seigneur, par Henri-le-Large, comte de Champagne, en souvenir de son père. On le voit représenté la tête rasée et environnée d'une couronne de cheveux, revêtu de l'aube et du manipule, portant de la main droite un livre de prières et de la gauche une clef symbole de sa charge de trésorier. Deux anges soutiennent un coussin sous

Pierre tombale d'Artaud

sa tête. C'est ainsi qu'autrefois on désignait souvent un bienfaiteur de l'église. Ces anges ont été brisés dans les divers déplacements qu'a subis cette pierre. Il est probable que primitivement cette pierre tombale a été placée horizontalement à gauche de la porte principale où l'on voit encore dans la muraille les restes d'un scellement, et c'est là sans doute que doit être la sépulture de son corps. Voici l'inscription latine tracée en lettres gothiques qui entoure cette pierre :

Hic iacet Artaldus quondam Thesaurarius beati Stephani Trecensis, filius bonœ Hodiernœ (dominœ) de Nogento, cujus anima requiescat in pace.

A l'occasion de cette pierre tombale, nous trouvons dans les archives de l'église une note qui intéressera le lecteur et que je crois devoir citer textuellement :

« Cette tombe d'Artaud, trésorier, y est-il dit, était au
« bas de l'église de Nogent, dressée contre le pilier qui
« est du côté gauche de la porte ; elle était de la hauteur
« de six pieds, et le dit Artaud y était en relief ou plutôt
« demy relief, et Messire Louis Renaudin, curé de
« Nogent et doyen du doyenné de Chézy, l'a fait renver-
« ser et l'a fait mettre au bas de la nef de l'église dudit
« Nogent, en l'année 1688, à l'occasion des indécences
« qui se commettaient dans l'église, en menant les nou-
« velles mariées baiser l'Artaud le lendemain de leurs
« noces et leur cassant souvent le nez contre le nez
« d'Artaud, et ne pouvant par les remontrances empê-
« cher ces inconvénients, il jugea à propos de renverser
« la tombe dudit Artault à l'endroit où elle est présen-
« tement tout au bas du milieu de la nef de ladite église
« de Nogent et où l'on avait renversé la figure d'Artault
« ayant le nez contre terre, et ladite tombe qui est mise

« de travers est de pierre de taille et plus étroite à un
« bout qu'à l'autre.

    « A Nogent, en l'an 1712.

    « Cette même tombe dudit Arthault a été levée et
« remise en 1756 sous la grande porte de l'église, en
« dedans, elle est telle qu'elle est marquée cy-dessus.

                « AUBRY, *curé de Nogent.* »

Vu cette note, M. Bonnaire, curé de Nogent, a fait
relever cette pierre en 1842 et l'avait placée contre le
pilier à gauche sous les grandes orgues.

C'est M. Blanchart qui l'a fait replacer à droite de la
porte du bas-côté nord, en 1868, lors des réparations
exécutées la même année et après que ladite porte a été
déplacée pour la fixer sous la fenêtre nouvellement
ouverte.

A la suite des travaux de la seconde adjudication en
1872, M. Blanchart a fait enclaver, dans le mur du transept nord, une autre pierre tombale qui avait été placée
autrefois à l'entrée du sanctuaire servant de marche à
la table de communion. Elle porte l'inscription de
Claude de Buz, seigneur de Signelai, de Meaux et de
Nogent, décédé le 15 février 1615. Le lieu de la sépulture
doit se trouver sous la première marche du sanctuaire.

Un peu au-dessous, dans le chœur, se trouve la pierre
tombale de Claude Ozan, ancien curé de Nogent, décédé
le 29 août 1703.

Sur le pilier derrière la chaire on voit aussi cette inscription encadrée dans un dessin : « Ci-devant gît véné-
« rable et discrète personne Me Gille Courderon, prêtre
« en son vivant, lequel a été vicaire de céans l'espace
« de 25 ans ou environ, lequel décéda le 5 août 1583. »
Une petite pierre placée en losange dans la grande nef
indique l'endroit de la sépulture.

Sur le second pilier de la nef principale à gauche, on
lit également en lettres gothiques ce qui suit :

« Cy devant gist Jehanne Fallet, en son vivât feme
« de Pierre Salmon, Mguillier de céans, laquelle tres-
« passa le 8 juillet 1580, priez Dieu pour son ame. »

Le donataire de la chaire actuelle a désiré que son
nom passât à la postérité, car sur le premier pilier du
chœur à gauche, on lit :

« La chaire que vous voyez devant a été donnée par
« Louis de Remond, ancien procureur au Parlement,
« administrateur des Hospices de Paris, dans l'année
« de marguillage de Germain de Rémond, son frère,
« en 1737, à la charge de faire chanter *De Profundis* par
« un enfant de chœur, à l'issue de l'*ite missa est*, tous les
« dimanches et fêtes de l'année, excepté les quatre
« solennelles.

« *Requiescant in pace.* »

La clef de voûte de la seconde arcade du bas-côté sud
porte également cette inscription en lettres gothiques :

« Louis X. Fallet, marguillier de céans en l'an 1580. »

Dans le même bas-côté, le visiteur aperçoit, incrustée
dans la muraille, une pierre qui n'a pas trait à l'église
où elle se trouve. C'est un souvenir historique de l'ancienne abbaye de Nogent-l'Artaud.

Cette pierre était placée autrefois au-dessus de la porte
d'entrée du couvent. Elle appartenait à M. Epiphane
Pinçon et était brisée en plus de quinze morceaux.
M. Blanchart les recueillit avec empressement et les fit
enchâsser dans une pierre pour la sceller dans la muraille. On y voit les armes de France et de Navarre
incrustées dans le marbre, et on lit cette inscription
au-dessous :

« Cette royale abbaye a esté fondée en 1299, par Blan-
« che, reine de Navarre, de Champagne et de Brie.
« Confirmée et augmentée par Jeanne, sa fille, espouse

« de Philippe-le-Bel, roi de France, en la mesme
« année. »

Parmi ceux dont les corps reposent dans l'église de
Nogent-l'Artaud, nous comptons :

1° Jérôme Rahault, prêtre, décédé le 8 septembre
1615.

2° Anne-Gabrielle-Geneviève Le Carlier, née à Laon
en 1695, fille de Jacques Le Carlier, ancien conseiller
du roi, épouse de François Poisson, inhumée dans
l'église de Nogent-l'Artaud, le 17 février 1718.

3° Noël-Florimond Huchet de La Bédoyère, inhumé
le 4 mai 1789, dans le caveau de la chapelle de la Vierge
dont l'ouverture se trouve sous un carreau du dallage
marqué d'une petite croix, dallage exécuté en 1873.

Avant 1790, la Fabrique n'avait pas négligé l'ornementation de son église. Presque toutes les fenêtres avaient
pour décor des grisailles de bon goût. Les quelques
parcelles qui nous en restent dans le sanctuaire attestent
le style du xiii° siècle et ceux des bas-côtés ne dataient
que du xvi°.

Les vitraux actuels ne remontent qu'à l'année 1870.
Ils ne manquent pas de mérite et sont en verre double.
Dailleurs, ils sont l'œuvre d'un artiste qui a travaillé
dix ans dans la maison Didron, et un de ceux que cette
maison a employés pour la restauration des vitraux de
la Sainte-Chapelle à Paris. M. Erdmann, qui a signé
son œuvre, a bien retracé les nuances des anciens
vitraux et a combiné parfaitement ses sujets, sous l'inspiration des Messieurs Varin, de Crouttes. Ils rappellent
la fondation de l'abbaye de Saint Germain-des-Prés de
Paris, ses deux patrons de la paroisse Saint-Germain
et Saint Vincent de Sarragosse. Le médaillon du côté
de l'épître retrace la guérison de Childebert par l'imposition des mains de saint Germain, et celui du côté de
l'évangile l'épisode où l'on retire de la mer le corps de

Vincent de Sarragosse. Le médaillon du milieu sous les pieds de Notre Seigneur représente la communion d'une enfant que son ange gardien attend pour la conduire au ciel ; cette figure, parfaitement ressemblante, est celle de Jeanne de Kéroüartz, décédée en 1865 au château de Lézarasien, dans le Finistère, quelques heures après avoir fait sa première communion sur son lit de mort. Il était bien légitime de payer ainsi à une famille si éprouvée le tribut de notre reconnaissance pour le don d'une verrière qui embellit toute l'église.

Nous devons au même artiste les grisailles et la belle verrière de la chapelle de la Vierge. Cette dernière représente huit mystères du rosaire, en mémoire d'une confrérie du Saint-Rosaire établie autrefois à Nogent. Pourquoi n'inscririons nous pas dans l'histoire de Nogent le nom de la bienfaitrice qui a contribué en majeure partie à l'établissement de cette belle verrière, Madame veuve Leduc de La Tournelle, digne fille de l'ancien maire de Nogent-l'Artaud, M. Grison ?

Dans le banc-d'œuvre placé autrefois du côté de l'épître, on aperçoit la forme d'un ostensoir en bois sculpté et on se demande naturellement pourquoi ? C'est un souvenir de l'établissement d'une confrérie du Saint-Sacrement au xviie siècle.

Pour ne laisser aucune lacune, visitons maintenant avec le lecteur les combles de l'église. Sous le clocher, l'œil aperçoit l'emplacement de trois cloches, mais la paroisse n'en possède qu'une seule. En voici l'inscription :

« L'an 1832.

« J'ai été bénite par M. Quaniaux, curé, et nommée
« Henriette-Ambroisine par M. le Comte et Madame la
« Comtesse de La Bédoyère, en présence de MM. Seron,
« Gabriel, Antoine, Ovide, maire, Huyart Germain,
« Gabriel, adjoint, des marguilliers Seron Louis, Josse

« Nicolas, Decoux, Denis Germain, Grison Xavier,
« Lecomte Gabriel.

HILDEBRAND, fondeur 1196. K. »

Avant cette époque, l'église ne possédait que deux petites cloches ; la première pesait 486 l. et coûtait 682 l. 9 sous ; la seconde, 169 l. et coûtait 228 l. 3 sous. Faux-Frais, 26 l. 2 sous. Total, 937 l. 14 sous.

La nouvelle cloche a coûté 1,754 fr. 50.

Cimetières

Il est certain que, primitivement, il y eut un cimetière autour de l'église ; on a pu s'en rendre compte lorsqu'en 1868, on changea de place les fonts baptismaux pour les avancer dans l'église. Dans les fouilles, on a trouvé beaucoup d'ossements humains. Plus tard, il exista sur la place. C'est celui-là qui fut interdit en 1752 et remplacé par un autre d'une contenance de seize perches, au sud de l'ancien, c'est à-dire dans la partie du terrain qui se trouve dans le jardin du château, derrière la halle actuelle. Ce changement eut lieu par suite d'échange entre la paroisse et le marquis de La Vieuville, en 1752. Peu après, le 14 septembre 1793, la commune échangea ce cimetière avec M. le Comte de La Bédoyère pour un terrain situé à l'extrémité de Nogent, sur le chemin de la grande montagne, pour y établir celui qui existe actuellement. La commune l'a agrandi de moitié en 1864, sous la direction de M. Grison, maire.

Liste des curés de Nogent-l'Artaud

Voici la liste des curés de la paroisse de Nogent dont nous avons pu recueillir les noms en différents endroits :

1231. — Jobert et Ourric (*Dom Bouillard*, p. 122.)

1260. — Reginald, curé de l'église de Nogent (C. L.)

1267. — Thomas, chapelain d'un autel dans l'église de Nogent.

1278-1303. — Ferric ou Ferricus.

1464. — Robert Thévenin, prêtre recteur et curé de Nogent.

1568-1583. — Gille Bourderon, vicaire inhumé dans l'église.

....-1617 (29 novembre). — Henri Héloin.

....-1621. — Jacques Duval ou Daval (archives de l'église.

1618-1627. — Dumay.

1650. — Pierre Colletet, bachelier en théologie.

1654 (8 décembre). — Pallet, vicaire.

1668 (20 janvier) 1694 (24 mars). — Louis Renaudin, curé de Nogent et doyen de Chézy.

1694 (de mars en mai). — Jacques Legivre.

1694 (14 mai) — 1703 (9 octobre). — Claude Ozan, inhumé dans le chœur de l'église.

1704 (13 octobre) — 1704. — Lauteau.

1704 (10 décembre) — 1747 (14 septembre). — Nicolas Genée, docteur ès arts, né à Chézy de Nicolas Gelée, receveur de l'Abbaye, décédé à l'âge de 77 ans et inhumé par Nicolas Breton, doyen.

1747 (28 décembre) — 1767 (29 septembre). — Henri Aubry, mort à 66 ans.

1748 (22 février). Frazier, vicaire.

1753. — Delaye, vicaire.

1754 (4 novembre). — Sellier, vicaire.

1768 (13 mai) — 1777 (30 avril). — Jacques-Nicolas Thierry.

1768. — Duval, vicaire.

1771. — Caillet, vicaire.

1774. — Leroux, vicaire.

1775. — Brismontier, vicaire.

1777-1778 (1ᵉʳ janvier). — Charles-Philippe Garnon de Jarcy, curé de Nogent, auparavant vicaire de Sablonnière.

1777. — Pétré, vicaire.

1791. — Garnon de Jarcy, démissionnaire.

1791 (28 mai). — Lestaudin, prêtre assermenté.

1796-1800. — Gérard, prêtre insermenté.

1802-1804. — Wallet, décédé le 24 mars 1804.

1804-1822. — Ferté, décédé en 1829, doyen de Neuilly-Saint-Front.

1822-1829. — Etienne Gervais, doyen de Charly, décédé chanoine à Soissons.

1829-1833. — Quaniaux, décédé curé de Dercy.

1834-1835. — Lacaze.

1835-1858. — Cyrille Bonnaire, curé de Sinceny (Chauny).

1858-1862. — Auguste Ducrocq, chanoine honoraire ; 1° Doyen de Vermand ; 2° de Flavy-le-Martel ; 3° de Fère-en-Tardenois.

1862. — Jean-Baptiste-Clément Blanchart, décédé le 16 janvier 1888.

L'Abbé Blanchart.

CHAPITRE XIII

Les Notaires, les Baillis et les Syndics de Nogent-l'Artaud

I. — Notaires

Quand nous traversons nos petites localités, l'une des plus belles maisons que nous apercevions avec ses panonceaux dorés, c'est celle du notaire. Il ne faut pas se faire du notaire ou tabellion garde notes d'autrefois, l'idée que nous donne le notaire d'aujourd'hui, souvent, pour ne pas dire presque toujours, le premier personnage de la localité. Les notaires d'autrefois étaient de modestes fonctionnaires qui rédigeaient les actes et en gardaient les notes ou minutes, d'où la désignation de garde notes sous laquelle ils étaient connus. Les ventes se faisaient en public ou dans les assemblées locales, et c'étaient eux qui rédigeaient les notes ou conventions. Leurs honoraires étaient si minimes qu'ils étaient obligés d'ajouter une autre profession à celle de tabellion, titre qui leur fut officiellement donné en 1539, sous François Iᵉʳ. Il y avait plusieurs classes de notaires,

En 1597, Henri IV réforma la corporation et il n'y eut plus qu'une seule classe.

A Nogent, il y eut à la fois jusqu'à trois ou quatre notaires.

Aussi loin qu'on puisse remonter dans les archives de Nogent, on trouve, en 1355, Jehan de Crecy, tabellion juré « en la chastellenye de Nogent ». Les actes étaient passés devant le garde du scel de la prévôté, en présence de deux jurés ou témoins.

En 1410, on trouve Etienne de Grys ou Gruyer, tabellion.

De 1432 à 1444, on trouve Symon Josse. A l'affermage par voie d'enchères, Symon Josse se fit adjuger le 19 juillet 1444 les « escriptures, scel et registres du tabellionnage de Nogent pour deux ans, moyennant vingt sols tournoys ».

En 1474, Robert Le Camus se fit affermer le tabellionnage moyennant 48 sols tournoys.

De 1482 à 1487, on trouve comme tabellion Robert Chastellain.

Denys Dubois était aussi tabellion de 1484 à 1496.

En 1520, Jean Duval était tabellion, et Jean Bourdon, clerc juré.

Entre 1544 et 1580, nous trouvons trois notaires à Nogent, en même temps, savoir : Félix Chatelain, Charles de Saint-Martin, et Soubtil. Philippe Bachelier était tabellion en 1578 et semble avoir succédé à Soubtil.

De 1580 à 1589, on trouve à la fois Jean Chatelain, Marin de Saint Martin, Nicolas Delomas.

Claude Bocquet paraît avoir succédé à Jean Chatelain, vers 1586 ; Jacques Dupuis, à Marin de Saint Martin en 1588.

De 1586 à 1608, on trouve Félix Seron ; de 1603 à 1609, Pierre Chatelain ; en 1608, Louis Duhamel.

Il n'existe aucune pièce authentique qui permette

d'indiquer d'une façon précise l'époque d'entrée en fonction des tabellions précités ni leur succession.

Les dates que nous donnons ont été prises sur des actes rédigés par les tabellions et elles sont autant que possible les dates extrêmes se rapportant à chaque notaire.

1609 1636, Louis Dupuis.

1633-1636, Jacques Amelot.

1617-...., Claude Chatelain.

1636-...., Nicolas Papelard.

1640-1644, Eloi Royne.

1645-...., Deresmond.

1647-...., Gervais Dupuis.

1649-1660, Nicolas Duchemin.

1662-1668, Charles Blondin ou Blandin.

1655-...., Leclerc.

1665-1683, Pierre Le Givre.

1684-1716, Pierre Royne.

16...-1700, Claude Durand, aîné. Il vend le 8 mars 1700, moyennant 100 livres, son étude à son fils Claude Durand.

Le 12 juillet 1703, Nicolas Lanoise achète 360 livres l'étude de Leclerc.

De 1716 à 1753, Philbert Veron, mort en 1762. En 1753, il céda son étude à Robert Colin qui fut notaire jusqu'en 1787 ; il est mort le 22 juin de la même année.

Robert Colin eut pour successeur François-Joseph Doncourt qui fut seul notaire jusqu'en 1792.

1792-1796, Gabriel Josse-Seron succéda à Doncourt. Il céda son étude le 28 octobre 1796 à Gabriel-Antoine-Ovide Seron, son fils qui, le 18 juillet 1826, vendit l'étude de Nogent aux notaires de Charly, de Chézy et de Viels-Maisons qui se partagèrent les minutes.

Ce fut le dernier notaire de Nogent : il fut nommé notaire honoraire le 27 octobre 1826.

II. — **Baillis ou Juges**

Les baillis étaient chargés de rendre la justice entre
les gens de la paroisse. Leur fonction avait quelque
analogie avec celle de nos juges de paix. Le bailli
jugeait au nom du seigneur et dans sa juridiction seulement. A Nogent, la justice était rendue par deux jus-
ticiers, l'un au nom du seigneur, dans sa censive ;
l'autre au nom de l'abbesse. Nous avons fait connaître
précédemment (1) quelle était la censive du couvent :
le reste appartenait au seigneur. Il en résultait souvent
des contestations. C'est ainsi que, en 1538, les religieuses
de Nogent refusèrent de payer la dîme que les abbés de
Saint-Germain-des-Prés prétendaient prendre sur 47 arpents ou environ de terres labourables et sur 3 arpents
et demi de vignes qui leur appartenaient. Il y eut transaction entre les deux parties et les religieuses promirent
des prières pour chaque religieux de Saint-Germain
décédé (2).

Le 20 janvier 1631, le marquis de La Vieuville racheta
aux abbés de Saint-Germain-des-Prés les droits seigneuriaux qu'ils avaient à Nogent l'Artaud. Il donna en
échange à l'abbaye de Saint Germain des fiefs, maisons,
terres, etc., etc., qu'il possédait à Thiais et à Choisy et
en outre 6,000 livres pour être employés en fonds d'héritages. La communauté demanda en outre 200 livres
de rente en supplément (3). A partir de cette époque, il

(1) Chapitre V, *Nogent-l'Artaud à vol d'oiseau.*

(2) *Gallia Christiana*, t. IX, col. 514. *Voir* aussi Dom Bouillard,
ouv. cité.

(3) Dom Bouillard, *ouv. cité*, p. 222.

n'y eut plus à Nogent que deux suzerains, le seigneur et l'abbaye.

Quant aux religieuses de l'Abbaye elles avaient obtenu du roi Louis XII, au mois de juillet 1513 des *Lettres de garde*, par lesquelles le roi assignait pour « gardiens aux religieuses tous les huissiers du royaume et ordonnait que leurs procès seraient jugés par le Prévôt de Paris ou son lieutenant (1).

Les cas de moyenne et de basse justice étaient jugés par les baillis : mais dans les petites localités, il n'était pas toujours facile de trouver des gens assez compétents. En outre les gages et émoluments étaient si minimes, qu'ils étaient insuffisants pour faire vivre ces magistrats judiciaires qui cumulaient ces fonctions dans plusieurs localités différentes, comme nous le verrons pour Jehan Symon, Rimbert, Savart. Le juge recevait des gages du seigneur et des honoraires ou vacations de la part des plaideurs. Le bailli était nommé à l'élection par les notables de la paroisse et agréé par le seigneur. En général les baillis étaient nommés à vie.

A Nogent-l'Artaud, comme dans les autres localités, le bailli avait le sceau de la châtellenie, d'où le titre de *garde scel*, sous lequel on le désigne quelquefois. Au mois de juin 1455, ce sceau était « écu en *losange, party d'hermines et de fleurs de lys.*

Il n'a pas été possible de retrouver les noms de tous les baillis ou lieutenant de justice de Nogent. Nous ne connaissons que les suivants, dont les noms ont été relevés sur des pièces authentiques.

En 1410, Jehan Jayer, licencié en loix, garde du scel de la Prévôté de Nogent.

.... Jehan Symon, licencié en loix, avocat, conseiller au Parlement, bailli pour Nogent et Gandelu. Son lieutenant était Pierre Lecamus.

---

(1) *Arch. Nat.* Sect. Ind. par Bannière du Chaictet. T. I. f° 461.

1465, Mahieu Grayer, bailli de Nogent pour Marguerite d'Orléans.

1506, Jehan Gruier, écuyer (1)

1566 (9 novembre), Thibaut Lesueur.

1645 (22 avril), Gervais Dupuis, notaire et bailli.

1655 (4 avril), Nicolas Duchemin, notaire et bailli.

.... Jean Hulot.

1713-1721, Nicolas Vilart, avocat.

1745-1751, François Rimbert ; il était en même temps bailli de Charly.

1765, Denis Savart ; il était aussi bailli de Charly.

III. — Syndics et Maires

Si le seigneur était le chef de la communauté ou paroisse, les habitants, de leur côté, avaient un mandataire, qu'ils nommaient à l'élection, pour défendre leurs intérêts. C'était le syndic, dont les fonctions avaient quelque analogie avec celles des maires actuels, mais toutefois bien moins étendues. A Nogent, ils étaient nommés pour un an seulement, ainsi qu'on le voit dans les archives de la mairie, le 1er janvier 1689, 1690, le 26 décembre 1694. Le dernier syndic de Nogent fut Gabriel Josse Seron. D'ailleurs, le suffrage était le mode de recrutement des fonctionnaires, de quelque ordre qu'ils fussent. Les sonneurs, le bedeau, étaient aussi nommés à l'élection par les marguilliers et les habitants de Nogent (1er janvier et 15 avril 1686). Les collecteurs de tailles, qui devaient aller percevoir l'impôt chez les particuliers étaient également nommés à l'élection, au mois de septembre, tous les deux ans

---

(1) Il touchait par an 4 livres tournois pour ses gages.

(15 septembre 1685. 28 septembre 1687, 21 septembre 1689, 30 septembre 1691), etc. etc.

Aujourd'hui la paroisse est remplacée par la commune ; le syndic, par le maire, et celui-ci n'est plus nommé directement par ses concitoyens, ni par le chef de l'Etat, mais il est nommé par le Conseil municipal. C'est une sorte d'élection à deux degrés. Bien que notre histoire de Nogent s'arrête à 1800, nous donnons en appendice la liste des maires de la commune, depuis 1790 jusqu'à nos jours.

Maires

Serox Gabriel-Josse, 2 février 1790 au 9 novembre 1791.

Pinçon Claude-Jacques, 13 novembre 1791 au .... 1800.

Mauge du Bois des Entes, 3 mai 1800 au .... 1808.

Huchet de Labédoyère, Charles-Marie-Philippe (Vicomte), 13 juin 1808 au 3 mai 1809.

Serox Gabriel-Ovide, du 5 août 1809 au 3 juillet 1816.

Desaubiez Marc Denis-Maurice, 7 juillet 1816 au 24 mai 1831.

Serox Gabriel Ovide, 14 janvier 1832 au 26 septembre 1846.

Huyart Germain-Gabriel, 30 septembre 1846 au 13 août 1848.

Grisox Alexandre-Xavier, 15 septembre 1848 au 14 janvier 1865.

Clozier Simon-Ceneric, 24 janvier 1865 au 9 août 1870.

Poirier Louis-Edmond, 1er janvier 1871 au 20 mai 1871.

Masson Constant-Nicolas, 28 juin 1871 au 2 octobre 1876.

De Kérouartz (Comte Albert), 15 octobre 1876, au 5 décembre 1880.

Vervost Ambroise-Désiré, 23 janvier 1881 au 28 mai 1892 ; réélu le 17 mai 1896, décédé le 11 avril 1897.

Raisin Joseph-Hubert, 15 mai 1892 au 23 mai 1897.

Decaix Albert-Désiré, du 23 mai 1897 au 20 mai 1900.

Lefèvre Auguste, du 20 mai 1900.

A. C.

INSCRIPTION RELATIVE A LA FONDATION DU COUVENT

CHAPITRE XIV

Les Seigneurs de Nogent-l'Artaud
Fiefs relevant de la Seigneurie

Parmi les dépendances de la seigneurie de Nogent se trouvaient plusieurs fiefs, notamment ceux de la Mairie ou Recette de Saulchery, de la Rivière à Nogent, du Petit Aigremont à Château-Thierry et de la Cour d'Orly à Orly, nous dirons quelques mots sur les trois derniers (1).

Fief de la Rivière

Ce fief relevait de la seigneurie de Romeny, laquelle elle-même relevait d'ancienneté de l'évêché de Soissons, comme l'indique le dénombrement fait par Marie de Coucy, dame de Romeny, à Simon de Bucy, évêque de Soissons, le 22 avril 1363 ; dans ce dénombrement du

(1) Nous avons pour ce chapitre puisé la plupart de nos renseignements dans les archives de M. le comte de Kérouartz, notre collègue.

fief de Romeny figure « La rivière de Marne depuis Chézy jusqu'au bac de Charly » (1).

Jusqu'à la Révolution, le seigneur de Nogent accomplit ses droits de vassal vis-à-vis celui de Romeny ; c'est ainsi que François II de Bretagne faisait payer au receveur de la dame de Romeny 19 sols tournois que celle-ci avait droit de prendre chaque année sur le pont et le « pontenage » de Nogent, bien qu'à cette époque (1474) le pont fut déjà remplacé par un bac (2). Dans la suite, Louis marquis de la Vieuville rendait hommage à Louis marquis de Vassan, suivant acte passé devant M° Jourdain et son confrère, notaires à Paris, le 25 mai 1728 (3).

Les revenus du fief de la Rivière consistaient, pour le seigneur de Nogent, dans les droits de péage : 1° sur tous les bateaux qui montaient ou descendaient la Marne à Nogent ; 2° sur les piétons, animaux et voitures qui traversaient la rivière à cet endroit au moyen du bac ; mais aussi le seigneur devait, à peine de déchéance de ces droits, entretenir en bon état le pertuis, les bac, nacelle et cordages, ainsi que les chemins et chaussées, de façon qu'on y puisse facilement passer avec chevaux et harnais même pendant la mauvaise saison d'hiver. Ces chemins étaient visités, comme le constate une ordonnance du bureau de Soissons du 26 février 1685 ; il en était de même du pertuis ; le conseil du roi réclama le 30 mars 1745 le bon entretien de ce pertuis et l'enlèvement des restes de l'ancien, ce qui fut fait et constaté suivant procès-verbal du mois de décembre suivant. C'était le prévôt des marchands qui, pour faciliter les travaux de réparation ou réfection, permettait d'inter-

(1) *Arch. Nat.* P. 136, f° 36, art. XXXIX et Bulletin de la Société historique de Soissons, tome XVII (1863), pages 284 et suiv.

(2) *Arch. Nat.* J. 765, n° 16, 4° et 5° pièces.

(3) Contrat d'acquisition de la terre de Nogent par le comte de la Bédoyère.

rompre la navigation trois heures par jour, une heure au lever du soleil, une autre à midi et une troisième au coucher du soleil (29 août 1747).

Le seigneur de Nogent-l'Artaud affermait par voie d'adjudication publique, la perception des droits de péage sur le passage des bateaux.

Cette perception, qui fut en 1444 adjugée pour deux ans 40 livres tournois, s'éleva pour le même laps de temps, en 1474, à 180 livres tournois, en 1550 à 250 livres et en 1568 à 328 livres (1).

Pour s'exonérer du péage à chaque passage, certains voituriers par eau s'abonnaient pour les deux années moyennant 15 ou 18 livres (1550-1556).

Le bac avait également été loué par adjudication en 1444 pour deux ans 48 sols parisis, et en 1474, dix livres tournois.

Dans la suite, les droits de bac et de pêche furent compris dans la ferme du péage des bateaux ; le 22 août 1759, le marquis de la Vieuville loua à J.-B. Dupuis les bac, passage et péage de Nogent, ainsi que le droit de pêche pour neuf années, onze cents livres par an.

Ces droits ou leur exercice furent souvent contestés ; ainsi en 1547 le seigneur de Nogent est obligé d'obtenir, pour faire reconnaître le péage de Nogent, une sentence du présidial de Château-Thierry (19 juillet). En 1597, un jugement du prévôt de Paris défend à Claude de Bus d'exiger aucun droit de péage, sans avoir fait apposer au préalable une pancarte mentionnant les taxes à percevoir et placer des chaînes et ventail en travers de la rivière pour empêcher le passage des bateaux. Un arrêt du 7 septembre 1609, rendu après enquête, prescrit au même seigneur de ne percevoir que les mêmes 'droits qui se levaient sur la Marne à Château-Thierry. La mar-

(1) *Arch. Nat.* J. 764, n° 11, pièce 2', n° 14, pièce 16°.

quise de la Vieuville est même obligée en 1645 de faire reconnaître, par un arrêt du conseil, qu'elle tenait les droits de péage en toute propriété et non par concession royale ou engagement. Enfin, au siècle suivant, deux nouveaux arrêts du conseil des 30 mars 1745 et 29 mars 1746 maintinrent René de la Vieuville dans la possession et jouissance de lever les droits de péage sur les bateaux et de traversée par le bac.

Ces deux derniers arrêts fixaient en même temps les taxes exigibles, le premier sur la batellerie, le second pour le bac.

Les voitures par eau devaient ainsi payer : par pièce de vin 5 deniers, boutique 4 deniers, cent de chanvre 1 sol, cent de fer ouvré 6 deniers, cent de fer à ouvrer 3 deniers, rouille de plomb 4 deniers, meule percée 4 deniers, meule non percée 2 deniers, bateau chargé de bois ou charbon 2 sols, trains 2 sols. Mais il était défendu de percevoir aucun droit sur les marchandises non spécifiées dans ce tarif ni sur les bateaux chargés de grains, farine, légumes verts ou secs. La publication de cette défense était nécessaire parce qu'anciennement les bateaux chargés de grains payaient, ainsi qu'il résulte d'une saisie faite à Paris le 9 avril 1549 sur deux bateaux ainsi chargés et qui n'avaient pas soldé le péage de Nogent.

Pour le bac, les droits étaient : personne à pied 3 deniers, bête de somme chargée ou non avec son conducteur 9 deniers, chaise ou charrette à un cheval 1 sol 6 deniers, chariot, charrette, etc., à deux chevaux 2 sols, chaque cheval en plus 6 deniers, les personnes ou domestiques, conducteurs et les marchandises étaient exempts, bœuf ou vache 3 deniers, douzaine de porcs, chèvres ou moutons, 1 sol. Il était défendu, même en temps de débordement, de percevoir de plus forts droits.

Pour faciliter la perception des droits de péage, une sentence de la Chambre du Trésor (13 avril 1663) obligeait les bateliers de garer leurs bateaux entre le bac et le pertuis, de souffrir la visite des fermiers, et en cas de refus, violence ou voies de fait, permettait de faire informer devant le juge gruyer de Nogent et reporter ensuite ces informations au procureur du roi.

Outre celui de pêche, on comprenait encore dans ce fief, le droit de planche. Celui-ci était prélevé sur le poisson provenant des étangs et qu'on déchargeait sur le port de Nogent. Il fut expressément reconnu par un arrêt du Parlement du 18 juin 1646, qui permettait au Seigneur de Nogent de percevoir deux carpes et un brochet par chaque étang dont le poisson était ainsi déchargé.

Fief du Petit-Aigremont

Ce fief qui a pour origine les biens donnés en douaire par Artaud à sa femme Hodierne, en 1171 (1), n'était plus au dix-septième siècle qu'un *fief en l'air*, c'est-à-dire dont le domaine avait été aliéné par les successeurs d'Hodierne au profit de particuliers et qui ne consistait plus alors qu'en redevances appelées cens. Ces redevances étaient, comme nous l'avons vu dans un précédent chapitre, assises sur certains héritages situées à Château-Thierry, notamment près des églises Saint-Crépin, Saint-Martin, à Brasles, Chierry et Blesmes (2). Le nom d'Aigremont lui vient de l'un de ses possesseurs au xive siècle, Guillaume d'Aigremont (3), lequel descendait probablement des sires d'Aigremont dénommés au titre de la châtellenie de Bar-sur-Aube et de Sulaines dans le livre des vassaux de Champagne de 1172 à 1222.

<hr>

(1) Archives de M. le comte de Kérouartz et *Arch. Nat.* J. 764, n° 14.
(2) *Arch. Nat.* J. 764, n° 10.
(3) Id., n° 13.

Au xv⁰ siècle, il était possédé par Pierre de Chailly, écuyer, qui rendit hommage le 22 juillet 1445 à Marguerite d'Orléans, dame de Nogent, et au commencement du xvii⁰ par Pierre Léguisé, un descendant sans doute de Nicole Léguisé, procureur du roi à Château-Thierry en 1548.

La veuve de Pierre Léguisé, Antoinette de Prouville, rendit foi et hommage en 1629 au marquis de la Vieuville. L'année suivante, cette dame poursuivit les Pères mineurs de Château-Thierry pour les contraindre à payer les droits seigneuriaux, qu'ils lui devaient, à raison de maisons acquises par ces religieux dans l'étendue du fief du Petit-Aigremont et à lui passer reconnaissance de ces droits.

Les époux Léguisé eurent de leur mariage deux fils et deux filles. Ces dernières, Anne et Marguerite, furent religieuses au couvent de Nogent, la première y mourut le 31 mai 1643 et la seconde en fut nommée abbesse le 2 janvier 1645.

Les deux fils, Jacques de Léguisé, seigneur du Rocq, et Nicolas Léguisé, seigneur d'Aigremont, n'ayant pas à la mort de leur mère accompli leurs devoirs de vassaux, le marquis de la Vieuville fit, le 14 février 1651, saisir féodalement le fief du Petit-Aigremont. Cette saisie ne fut levée que le 28 août 1653 par Charles II de la Vieuville après que les sieurs du Rocq et d'Aigremont se furent exécutés.

Le 3 janvier 1680, ces devoirs furent encore rendus par Nicolas Léguisé, seigneur de Crézancy et d'Aigremont. Peu après, celui-ci vendit une partie de son fief au sieur de la Vernade.

En 1683, le duc de Bouillon prétendit que le fief d'Aigremont devait relever du duché de Château-Thierry, le nouveau seigneur en partie dénonça ces prétentions au duc de la Vieuville qui sut faire reconnaître ses droits. En effet, le 15 avril 1688, Gaspar Brayer, con-

seiller au Parlement, seigneur du Petit-Aigremont,
rendit hommage au châtelain de Nogent, hommage
qui fut renouvelé en 1733 par son fils Gaspard-Nicolas
Brayer, également conseiller au Parlement.

Jusqu'en 1789, ce fief releva du seigneur de Nogent ;
un de ses derniers possesseurs, Paris de la Brosse, rem-
plit le 4 juillet 1767, ses devoirs seigneuriaux vis-à-vis de
Messire Noël-Florimond Huchet, comte de la Bédoyère.

La famille de Léguisé avait-elle vendu seulement une
partie de ce fief ? En tous cas des membres de cette
famille s'intitulaient encore en 1789 « Seigneurs d'Aigremont » ou « Léguisé d'Aigremont »; ainsi parmi les
personnes de la noblesse du bailliage de Château-
Thierry qui prirent part à la rédaction des cahiers pour
les États-Généraux figuraient : Louis-Nicolas Lesguisé,
de Dormans, seigneur d'Aigremont, ancien officier des
mousquetaires gris, chevalier de Saint-Louis et Louis-
Marc-François Lesguisé d'Aigremont, de Dormans,
chevalier lieutenant d'infanterie.

Fief de la cour d'Orly, à Orly (C^{on} de Rebais, S.-et-M.)

Ce fief, ainsi que nous l'avons déjà dit, comprenait
au xv° siècle « ostel, maison, terre, prés, bois, moulins,
rivière, cens et rentes assis à Orly et aux environs ».

Après avoir appartenu au xiv° siècle à Witasses de
Conflans, puis aux dames de Laval et d'Attichy,
il était possédé au xvi° par les Célestins de Paris. Ces
religieux fournissent, le 11 août 1582, le dénombrement
de leur fief à Claude de Bus.

Le 3 octobre 1637, à l'hommage rendu à Marie Bouhier, femme du marquis de la Vieuville (1) et dame de

(1) A cette époque, le marquis, décrété d'accusation, condamné à
mort et dont les biens avaient été confisqués, se trouvait en Angleterre.

Nogent était jointe la présentation d'homme vivant et mouvant (1) avec offre de payer un marc d'argent montant à 12 livres 10 sols, suivant la coutume de Meaux de laquelle dépendait ce fief.

En 1648, le 11 octobre, le marquis de la Vieuville et sa dame firent publier les lettres de terrier dressées à Orly par Duchemin, huissier royal à Nogent.

Plus tard, les Célestins ayant voulu se soustraire à la présentation d'homme vivant et mouvant, ainsi qu'au paiement des droits dûs à Charles II, duc de la Vieuville, celui-ci fit pratiquer, le 23 octobre 1679, sur le fief une saisie féodale qui ne fut levée que l'année suivante après convention du 20 avril, entre les intéressés et en vertu de laquelle les Célestins s'engageaient à payer à leur suzerain 3 livres à la mort de chaque homme vivant et mouvant pour tout droit de relief, de quint et requint, et lui versèrent de suite une somme de 500 liv. Le duc de la Vieuville, de son côté, renonça pour lui et ses successeurs à pouvoir saisir féodalement sans un avertissement préalable donné un mois d'avance aux dits religieux.

Depuis, la convention fut fidèlement exécutée jusqu'à la Révolution, ainsi le 20 novembre 1696 foi et hommage, présentation d'homme vivant et mouvant, aveu et dénombrement furent accomplis et les droits payés suivant acte reçu de Pierre Royne, notaire à Nogent.

Tous ces devoirs furent encore rendus le 24 octobre 1718 à René-François marquis de la Vieuville, et les 15 et 20 janvier 1768 au comte de La Bédoyère.

(1) On appelait ainsi celui que les possesseurs de fief de mainmorte, soit d'Église ou d'Abbaye, présentaient au seigneur afin qu'il lui fît hommage et qu'à sa mort le seigneur put exercer ses droits de relief ou autres.

LISTE CHRONOLOGIQUE
DES SEIGNEURS DE NOGENT-L'ARTAUD

1150-1195   ARTAUD.

1195-1210   HODIERNE, veuve d'Artaud.

1210-1239   GUILLAUME D'ACY, fils des précédents.

1239-1250   ISABELLE, veuve de Guillaume d'Acy.

1250-1280   GUILLAUME II D'ACY et Mathilde, sa femme.

1280-1283   JEAN et ROBERT DE MORTAGNE, gendres de Guillaume II.

1283-1302   BLANCHE D'ARTOIS, veuve d'Henri, roi de Navarre, et épouse d'Edmond de Lancastre, mort en 1296.

1302-1322   JEAN DE LANCASTRE, fils aîné d'Edmond et de Blanche.

1322-1339   HENRI Ier DE LANCASTRE, frère de Jean.

1339   Confiscation et réunion au domaine de la couronne.

1340-1346   RAOUL, duc de Lorraine.

1346-1356   YSABEAU DE LORRAINE, veuve d'Erard de Bar.

1356   Nouveau retour au Domaine Royal.

1360-1361   HENRI II DE LANCASTRE, réintégré dans les biens de son père Henri Ier.

1361-1369   JEAN II DE LANCASTRE, comte de Derby, gendre d'Henri II par sa femme Blanche de Lancastre.

1369   Nouvelle confiscation par le roi Charles V.

1369-1381   JEAN II DE MELUN, comte de Tancarville.

1381   PHILIPPE LE HARDI, duc de Bourgogne.

1389-1401   CHARLES DE CHASTILLON, seigneur de Gandelu.

1404	Retour au domaine royal.
1404-1405	CHARLES III, roi de Navarre.
1405-1407	Louis Iᵉʳ, duc d'Orléans, fils de Charles V.
1407-1408	VALENTINE DE MILAN, veuve du duc d'Orléans.
1408-1445	CHARLES D'ORLÉANS, leur fils.
13 sept. 1424	Saisie faite au nom d'Henri VI, roi d'Angleterre, par le régent, duc de Bedfort.
1445-1466	MARGUERITE D'ORLÉANS, veuve de Richard, duc de Bretagne et sœur de Charles d'Orléans.
1466-1476	FRANÇOIS II, duc de Bretagne, et CATHERINE, sa sœur, épouse de Guillaume de Châlon.
1476	JEAN DE CHALON, prince d'Orange, fils de Guillaume.
1477	Confiscation de Nogent par le roi de France, qui en donne la terre à :
1477-1481	JEAN DE DAILLON, seigneur du Lude.
1481	MARIE DE LAVAL, veuve de Jean Daillon.
avant 1486	JEAN DE CHALON rentre en possession de Nogent.
1486	MADELEINE CLÉRET, épouse d'Alain Goyon, bailli de Caen. Malgré la vente faite à Madeleine Cléret, Nogent saisi de nouveau sur Jean de Châlon est administré au nom du roi jusqu'en 1498.
1498-1501	JEAN DE LOUAN, 3ᵉ époux de Madeleine Cléret.
1501-1512	MADELEINE CLÉRET, veuve de Jean de Louan.
1512	JACQUES DE LOUAN et sa sœur utérine FRANÇOISE GOYON, épouse de Jean de Quellenec.
1532	Saisie de la terre de Nogent, faite au nom du roi.
1555	Arrêt du Parlement qui prononce main levée de la saisie et rend Nogent aux héritiers de Madeleine Cléret qui alors se trouvaient être seigneurs par indivis :

1555   Barbe de Louan, épouse d'Antoine de Bus ; — Charles de la Haye, veuf de Madeleine Louan ; — Jean de Quellenec l'aîné ; — Joachin de Chévigné, veuf de Marie de Quellenec, nièce de Jean et de Jeanne des Maures, veuve de Jean de Quellenec le jeune.

1575-1615   Claude de Bus, fils d'Antoine de Bus et de Barbe de Louan.

1615-1621   Claude II de Bus, baron de Seignelay, neveu du précédent.

1621-1628   Vincent Bouhier, seigneur de Beaumarchais.

1628-1653   Charles 1er, marquis puis duc de La Vieuville et sa femme Marie Bouhier.

1653-1689   Charles II, duc de La Vieuville.

1689-1719   René François, marquis de La Vieuville.

1719-1732   Louis, marquis de La Vieuville.

1732-1761   Jean-Baptiste René, marquis de La Vieuville.

1761-1763   Par indivis les trois filles de ce dernier mariées à Messieurs de la Chaussée d'Eu, Charles-Marie de la Vieuville et Daguesseau de Fresnes.

1763-1789   Noël-Florimond Huchet, comte de Labedoyère.

1789   Charles-Marie-Philippe Huchet, comte de Labedoyère, décédé le 3 mai 1809.

Ch. L.

CHAPITRE XV

Notices biographiques

Artaud — Claude de La Fontaine — Le Comte de Tressan — Le Comte de La Bédoyère — G. A.-O. Seron.

Si les grandes villes s'enorgueillissent, et avec raison, des hommes illustres qu'elles ont produits, nos petites localités ne doivent pas perdre de mémoire des personnages remarquables qui les ont habitées.

Nous avons rappelé l'épisode si connu d'Artaud, qui a laissé son nom à Nogent : nous avons raconté le séjour de la famille Poisson qui a eu de grands intérêts dans le pays. Nogent a été aussi pendant de longues années la résidence d'un prêtre, inconnu par lui-même mais dont le nom a été immortalisé par son frère, Jean de La Fontaine.

Claude DE LA FONTAINE, frère puîné du fabuliste, prêtre oratorien de Reims, s'était retiré à Nogent. Il aurait, dit-on, abandonné sa fortune au poète pour

1,100 livres de rentes, ce qui était, au point de vue financier, un bien mauvais placement.

.Ce prêtre paraissait avoir une assez grande fortune, d'après des documents authentiques qui appartenaient à Alfred Poliquet, documents qu'il nous a communiqués et qu'il a légués à la Bibliothèque Nationale (département des manuscrits).

Le 2 janvier 1683, Claude de La Fontaine fit pardevant Pierre Royne, notaire à Nogent, la déclaration des logis et héritages qui lui appartenaient. Dans cette déclaration on lit :

« 1° Une maison de fond en comble, couverte de tuiles, à deux étages de haut, et consistant en plusieurs bâtiments, tant cuisine, salle basse, fournil, cellier, bûcher et saloir, tant dessus que dessous, avec le jardin et dépendances, fermé de murailles, contenant environ deux arpents, sise au Faubourg d'En-Bas dudit Nogent, tenant d'un côté à la rue conduisant au moulin de Marne, d'autre à la rue conduisant à la rivière, d'un bout par bas à un bras de ladite rivière et d'autre par haut à François Jossé... »

(C'est sur l'emplacement de cette habitation que M. Grison, maire de Nogent, a fait construire la maison dans laquelle il est mort le 14 janvier 1865.)

« 2° *Item*, une maison sise au terroir et seigneurie dudit Nogent, appelée la Grande Charnoye, consistant en cuisine, fournil, chambre et grenier dessus. étable, grange. tect à porc... »

(Le 30 avril 1685, Claude de La Fontaine passa un titre de 50 livres de revenu envers le Collège de Château-Thierry, à cause de la ferme de la Grande Charnoye qu'il avait acquise dudit Collège.)

« 3° 24 arpents de terre, prés, pâtures, bois, taillis, à la Petite Charnoye. »

Claude de La Fontaine possédait d'autres héritages au ru du Vergis, à la Charbonnerie, à la Chambrée, au

Gros Buisson, à la fontaine Dufresne, aux Métaillons, à la Veuronnerie, aux Closeaux, à la Fayelle, aux Fondrières, près le Moulinois. Pour ces héritages, il devait au seigneur 55 sols de cens, sur cens par an.

Il possédait encore une petite ferme et six arpents à La Rue, une petite ferme à la Grande Mazure avec seize arpents, sans compter des terres à la Grange Lombart, à la Poissonnerie, aux Caquetons, aux Chenets, etc.

Cette fortune nous semble prodigieuse et nous n'avons pu en connaître l'origine. Nous en douterions si nous n'avions vu le document authentique.

Nous n'avons pu retrouver l'acte de décès de Claude de La Fontaine dans les registres de la paroisse et nous ne pouvons dire s'il est mort à Nogent ou à Château-Thierry.

Le comte DE TRESSAN (Louis-Elisabette de Lavergne), né au Mans le 4 novembre 1705, mort à Paris le 31 octobre 1783, habita pendant quelques années Nogent-l'Artaud, où il possédait à gauche de la porte d'En-Bas, une maison qu'il avait acquise de François Poisson, conseiller et secrétaire du roi, et qui avait appartenu à Jérôme d'Alquin, ainsi que le jardin situé à droite de cette porte. Dans son enfance, il avait été compagnon de jeux et d'étude de Louis XV, puis il entra dans l'armée, fit les campagnes de Flandre et d'Allemagne, devint lieutenant général, puis maréchal à la cour du roi Stanislas. Il quitta les armes pour la littérature et les sciences physiques, devint membre de l'Académie des sciences en 1750, à titre d'associé étranger, et de l'Académie française en 1781. Parmi ses ouvrages littéraires, il faut citer ses dissertations sur la littérature française sous les règnes de Louis VI, Louis VII, Philippe-Auguste, etc., sa traduction de Roland furieux, et quelques romans tels que le *Petit Jehan de Saintré*, *Gérard de Nevers*, *Zélie* ou *l'Ingénue*, etc., etc.

Ce fut lui qui, en 1768, posa la première pierre du pont de Château-Thierry.

Il a été consacré d'assez longs détails sur la famille La Vieuville, chapitre VII, pour n'avoir pas à y revenir.

En 1763 arrivait à Nogent-l'Artaud une famille originaire de Bretagne et dont le nom était connu depuis plus de trois siècles dans la robe et dans l'épée. Le 25 octobre, Noël-Florimond Huchet, comte de La Bédoyère, procureur général au Parlement de Bretagne, avait acheté le château et les terres de Nogent, indivis entre les trois filles de Jean-Baptiste-René de la Vieuville.

Né en 1710, il avait épousé, le 14 septembre 1746, Marie-Angélique Costé de Saint-Supplix. Il est mort à Nogent, le 2 mai 1789, et a été inhumé dans la chapelle de la Vierge. Son acte de décès est ainsi rédigé dans les registres de la paroisse :

« Haut et puissant seigneur Messire Noël-Phlorimond (*sic*) Huchet comte de La Bédoyère, seigneur haut justicier des terres et seigneuries de Nogent-l'Artaud, Pavant, Saulchery, Commenan et autres lieux, décédé le second jour de may de l'année mil sept cent quatre-vingt-neuf, à l'âge de soixante-dix-neuf ans et deux mois après avoir reçu ses derniers sacrements avec la plus grande édiffication (*sic*), en son vivant époux de haute et puissante dame Marguerite-Angélique Costé de Saint-Supplix, dame en partie de la baronie de Crespon, de Vaux et Grais-sur-Mer, d'Harfleur, Saint-Supplix, Buglise, Saint-Barthelemy et autres lieux, a été inhumé par nous prêtre curé soussigné en la chapelle de la Vierge de cette église, dans un caveau fait exprès, suivant les ordonnances avec les cérémonies d'usage, en présence de haut et puissant seigneur Messire Charles-

Marie-Philippe Huchet, comte de La Bédoyère, capitaine
de dragons au régiment de Monsieur, seigneur haut
justicier des dites terres de Nogent, Pavant, Saulchery
et autres lieux, son fils et encore en présence de Mes-
sires les Curés de Pavant, Saulchery, Villiers, Bassevelle et autres curés et témoins qui ont signé avec nous
le lundy quatre may mil sept cent quatre-vingt-neuf.

« *Signé :* VASSAN, BOISROUVRAYE, etc. »

Les armes de H. de La Bédoyère sont : *d'azur à six
billettes d'argent percées et posées 3, 2 et 1.*

Il laissa un fils et une fille.

Son fils, Charles-Marie-Philippe Huchet, comte de La
Bédoyère, est né à Rennes le 9 novembre 1751. Il vint à
Nogent avec sa famille, et lorsque l'âge lui permit de
servir son pays, il entra dans le régiment de dragons
de Monsieur, ainsi que nous l'avons vu précédemment.
Il fit rebâtir le château en 1786. Nous avons dit le rôle
qu'il joua à Nogent avant et pendant la Révolution,
son incarcération, et sa mise en liberté réclamée par
tous les habitants de Nogent. Il avait épousé Judith-
Françoise-Félicité des Barres. Il fut maire de Nogent
depuis le 13 juin 1808 jusqu'à sa mort, qui arriva à
Paris le 3 mai 1809.

Charles-Marie-Philippe Huchet de La Bédoyère eut
deux fils, Henri et Charles.

I. — Henri Huchet, comte de La Bédoyère est né à
Paris le 21 novembre 1782. Il ne se rallia jamais au gouvernement impérial et s'occupa de littérature. Il fut un
de nos plus remarquables bibliophiles. Il vivait au
milieu des livres qu'il aimait.

Il avait réuni sur la Révolution française une collection de documents précieux, la plus riche peut-être,
composée de plus de 10.000 cartons in-8°, qui a été
acquise, à sa mort, par l'État et se trouve à la Bibliothè-

que Nationale. Il avait une grande érudition et connaissait à fond les langues anglaise et allemande. Il traduisit de l'anglais le *Voyage dans les Hébrides* ou îles occidentales d'Écosse, du D' Johnson (1804) ; de l'allemand, le *Werther*, de Gœthe (1804), et il publia un certain nombre d'opuscules dans les Mélanges de la Société des Bibliophiles. Pendant les années 1804 et 1805, il fit un long voyage en Savoie et dans le Midi de la France et il publia sous ce titre un volume in-8° en 1806, qui eut une seconde édition en 1849, un volume in 8° de 414 pages.

Il prit du service à la Restauration dans la première compagnie des Gardes du corps et fit la campagne d'Espagne en qualité d'officier supérieur dans cette compagnie. Il est mort à Paris le 18 juin 1861, laissant un fils, le comte Antoine de La Bédoyère et trois filles. L'une d'elles a épousé le comte Albert de Keroüartz, ancien capitaine de frégate, membre de la Société historique de Château-Thierry, qui a mis à notre disposition les documents les plus importants qui se trouvaient dans les archives du château de Nogent.

II. — Charles-Angélique-Ferdinand Huchet de Labédoyère, est né à Paris le 17 août 1786. Il se prit d'enthousiasme pour la gloire militaire de l'Empire, et quoique appartenant à une famille légitimiste, il entra au service à l'âge de vingt ans, en 1806, comme gendarme d'ordonnance, devint aide de camp du maréchal Lannes en 1808, fit la campagne d'Espagne et fut blessé à Tudela le 23 novembre. Il fit, comme aide de camp du prince Eugène de Beauharnais la campagne d'Allemagne et fut blessé à Essling. En 1812, il fit la campagne de Russie et fut blessé à Goldberg. Il fut promu colonel du 112e régiment de ligne qu'il commandait à Chambéry, lorsque Napoléon revint de l'île d'Elbe. Ayant reçu l'ordre de se porter pour combattre la marche triomphale de l'Empereur, il se jeta dans ses bras à Grenoble et l'accompagna avec son régiment à Paris.

L'Empereur le nomma aide de camp, général, pair de France. Son nom a été attaché aux gloires et aux désastres du premier Empire, dont il fut un des plus vaillants soldats. Spirituel, ardent, enthousiaste, il était épris de la gloire militaire, et sa conduite à Grenoble n'a d'autre explication que son ardent patriotisme. Arrêté le 4 août 1815, comme traître aux Bourbons, il passa en jugement devant le 2ᵉ conseil de guerre de la 1ʳᵉ division militaire composé d'officiers royalistes, fut condamné à la peine de mort, et cet héroïque jeune homme tomba à l'âge de 29 ans, sous un feu de peloton, le vendredi 19 août 1815, dans la plaine de Grenelle, à 7 heures du soir. Il avait épousé en 1813, Mlle de Chastellux, dont il eut un fils, qui fut sénateur sous le second empire. Ce dernier est toujours resté étranger à Nogentl'Artaud.

Ceux qui visitent le cimetière du Père Lachaise, derrière le carrefour du rond-point, dans le massif 13, voient une tombe consistant en un bas-relief de marbre blanc, représentant une femme agenouillée, près de laquelle est un enfant qui cherche à la consoler ; sur le dernier plan sont une urne funéraire, à côté une épée, un bouclier, une couronne. C'est là que sont les restes du colonel de Labédoyère.

Gabriel-Antoine-Ovide SEROT naquit à Nogent l'Artaud le 8 octobre 1771. Il travailla dans l'étude de son père, qui, aux fonctions de notaire joignait celle d'arpenteur juré. En 1790, il fut nommé secrétaire greffier du Conseil de la commune de Nogent puis attaché aux bureaux du District de Château-Thierry ; et le 26 août 1791, il s'engageait comme volontaire au 1ᵉʳ bataillon de l'Aisne, où il fut élu immédiatement sergent-major. Le 1ᵉʳ octobre 1792, il fut nommé sous-lieutenant dans les compagnies franches du général Vandamme ; lieutenant le 1ᵉʳ mars 1793 ; capitaine au bataillon de chasseurs francs de Mont-Cassel, le 15 septembre 1793 ; adjudant général provisoire le 24 pluviose an II et il se retira dans ses foyers en l'an III (1795), après avoir fait les campagnes de 1792, 1793, an II et an III à l'armée du Nord.

Rentré dans ses foyers, il a repris l'étude de son père et l'a cédée en 1826 ; elle a été acquise par les notaires de Charly et de Chézy.

Il est mort à Nogent le 26 décembre 1852.

A. C.

CHAPITRE XVI

Appendice, Démographie et Pièces justificatives

APPENDICE. — DÉMOGRAPHIE

Administrativement, Nogent-l'Artaud appartenait autrefois à l'Intendance de Soissons et à l'Election de Château-Thierry. Lors de la division des districts ou arrondissements en cantons, en 1790, Nogent-l'Artaud appartenait au canton de Chézy-l'Abbaye ; mais depuis la réunion du canton de Chézy à celui de Charly, en 1801, Nogent-l'Artaud fait partie du canton de Charly.

Nogent fut d'abord une châtellenie qui relevait de la Tour du Louvre. En 1646, la châtellenie fut érigée en baronie, c'est-à-dire que le seigneur de Nogent portait le titre de baron. Le 25 décembre 1651, la baronie de Nogent fut érigée en duché pairie, en faveur de Charles, marquis de la Vieuville ; mais les lettres patentes n'ayant pas été enregistrées par le Parlement, l'érection fut sans effet (1).

Le baron jouissait du privilège de présenter les candidats à la cure de Nogent, les abbesses lui ayant cédé ce droit le 9 février 1645.

Les impôts, connus sous la désignation de *taille*, portant sur le produit de la propriété foncière étaient fixés par l'intendant ; mais ils étaient votés et répartis chaque année par les habitants réunis en plaid ou assemblée.

Les décimateurs de la paroisse étaient le seigneur et le curé. L'abbaye de Saint-Germain avait aussi un droit de dîme qui fut cédé au seigneur en 1645 (2).

Le curé de Nogent était propriétaire de bien fonds dans les paroisses de Nogent et de Pavant. A Nogent, il existe encore deux lieuxdits qui portent les noms de La Vigne du Curé, la Plante du Curé. A Pavant, la cure de Nogent possédait au lieudit la Tuilerie environ deux arpents de terres.

Il y avait à Nogent un curé et un vicaire, qui était à la charge du curé.

Lorsque, en 1790, le gouvernement s'enquit du sort des travailleurs, le conseil municipal établit que, dans la commune de Nogent, la journée de travail était de 1 fr. 50. Il établit en outre que pendant les six premiers mois de la même année, le grain avait été payé, le quintal :

Blé froment, 11 livres 5 sous 6 deniers.

Blé méteil, 9 livres 6 sous 4 deniers.

Seigle, 6 livres 17 sous.

Le froment était vendu sous la halle qui existait de temps immémorial, à l'endroit où s'élève la mairie actuelle. Les religieuses avaient, « de tout temps et ancienneté » des droits sur le mesurage des grains qui se ven-

<hr>

(1) Anselme, *Histoire généalogique de France*, t. V, p. 867.

(2) Bibl. Nat. Mss. fonds fr. 16.864.

daient sous la halle. C'étaient elles qui fournissaient les mesures ou boisseaux. Mais certains habitants de la paroisse prêtaient aussi leurs mesures, de sorte que les religieuses perdaient leur droit de mesurage. Le 10 juin 1582, une sentence établissant les droits des religieuses avait été publiée et affichée au sortir de la messe.

Par un bail passé par devant notaire, le 29 novembre 1629, les religieuses furent mises, pour six ans, en possession du droit de mesurage et de hallage, moyennant cent soixante-deux livres par an et six livres de cire, pour une fois seulement.

Mais les religieux de Saint Germain des-Prés réclamèrent et le 10 mars 1630, une sentence fut rendue, établissant que les religieux et leurs fermiers pourraient vendre les produits de leurs propriétés, seulement, sans être astreints à payer des droits de minage et de hallage aux religieuses.

Le 1ᵉʳ juillet 1636, les religieuses firent un nouveau bail pour six ans, à raison de douze deniers par setier, et ce bail, moyennant cent soixante dix livres par an.

Des contestations avaient lieu de temps en temps et le Conseil d'Etat, par un arrêt en date du 23 février 1777, maintint les religieuses dans le droit de mesurage et de hallage sur le pied de douze deniers par setier de grains. Toutefois il leur fut défendu d'exiger le droit de minage dans les greniers et maisons des particuliers (1).

Il y avait à Nogent trois foires annuelles : le 1ᵉʳ mars, le 22 juin et le 27 novembre et un marché le vendredi. Actuellement, il n'y a plus qu'une seule foire, le 27 novembre, et le jour du marché est conservé.

---

(1) Extrait des Registres du Conseil d'Etat. Paris, Imp. Royale, 1779, in-4°, 8 pages.

POPULATION

D'après Houillier (1), en 1783, la population de Nogent consistait en 220 feux et 600 communiants ; en 1800, elle était de 1,103 habitants ; en 1836, 1,212 habitants ; en 1856, 1,276 habitants ; en 1896, le nombre des habitants est de 1,387 : au recensement de 1906, il est de 1,590 ; cette augmentation s'explique par les usines établies dans le pays. Pendant cinquante ans, de 1803 à 1853, il y a eu à Nogent 533 mariages, 1,889 naissances, 1,893 décès, soit en moyenne par an : 10,66 mariages, 37,78 naissances et 37,86 décès.

PONT SUR LA MARNE

Il en est fait mention en 1173 ; il existait encore en 1356 ; il fut détruit pendant la guerre de cent ans. En 1450, Charles VII permit de le réédifier, ce qui n'eut pas lieu. Il fut remplacé par un bac. Un pont suspendu fut construit en 1842, et a été refait en 1873-74.

Nogent possède une station de chemin de fer, ligne de l'Est, un bureau de poste et télégraphe, une perception. Comme *industries*, une fabrique de verres d'optique, dirigée par Couesnon.

Exploitation de sable : Lefèvre.

Mousse artificielle : David.

Scierie mécanique : Noël frères.

Fabrique de corsets : Gérard-Delporte.

La *superficie* du sol est de 2.399 hectares, en céréales, fourrages, bois et vignes.

Nogent est traversé par le chemin de grande communication n° 124, de La Ferté-Milon à Rebais. Une grande partie du territoire est traversé par le chemin de grande

(1) Houllier, *Etat ecclésiastique et civil du Diocèse de Soissons*, 1783, in-8°.

communication n° 2, de Nogent-l'Artaud à Viels-Maisons, et par le chemin d'intérêt communal n° 5, de Condé à Nogent.

L'altitude de l'Est à l'Ouest est à 208 mètres ; à l'Ouest, elle varie entre 201, 208, 187, 212 mètres, et sur la voie du chemin de fer, 57 mètres.

DÉPENDANCES

Les dépendances de Nogent consistent en hameaux, fermes, maisons de culture qui sont : la Ferroterie, les Crochets, Brucelles, Larue, la Charnoie, Chérots, Beau-regard, Richebourg, le Moulinois, le Calotjean (ou Calo-geons), le Ménil, le Ménil-Haut, la Maréchalerie, la Grange, les Marnières, les Chenets, Dardouret, la Meule, la Tétoie, la Houssière, la Courterie, le Tartre, le Val, les Gravelles, Ambreyne (ancien moulin), les Margats, la Genête, la Fayette, le Grange-Lombard.

PIÈCES JUSTIFICATIVES

I

La copie qui nous a servi et qui se trouve aux Archives Nationales (L. 781), a été faite à Nogent sur l'original, au XVIe siècle, par un nommé Guignard. Nous ajouterons que, contrairement à l'opinion de l'historien de Château-Thierry, ces lettres ont été rédigées en français et non en latin.

Le copiste a dû seulement, tout en suivant le texte, changer la forme archaïque de certains mots et leur donner l'orthographe de son époque.

« Blanche, par la grâce de Dieu royne de Navarre de Champaigne et de Brie contesse palatine et fame jadis monseigneur Esmond fils dou roy Henry d'Engleterre conte de Lancastre, a touz ceuls qui sont et avenir sont, salut et donner foy à ces presentes lettres. Sachent tint que nous pour le remede de nostre ame et des ames de noz prédecesseurs nos tres chers et tres aymes seigneurs c'est à scavoyr le roy Henry jadis roy de Navarre de Champagne et de Brie conte palatin de bonne memoyre et de mon seigneur Esmond aussi iadis fils dou roy Henry d'Engleterre conte de Lancastre et de noz aultres amys donnons et octroyons en pure et perpetuel aulmosne a tous iours mes des or en droict en avant quatre cens livres tournois petit de perpétuel rente assizes en nostre terre de Nogent l'Artault et es appartenances es lieux et en la forme dessoubs nommée pour fonder, faire et edifier ung couvent de seurs mineurs de l'ordre de Saincte Claire en l'honneur de Dieu de monseigneur Sainct Louys. C'est a scavoir le minage, le tonnil, le marché, la foyre et les estelages (1) de la dicte ville de Nogent en pris de sexante et quinze livres de rente par an. Derechef les molieres et tous les emoluments d'icelles en la dicte nostre terre de Nogent en pris de vingt quatre livres de rente par an. Derechef le pressouer de la dicte ville de Nogent en pris de sexante souls de rente par an. Derechef tous les cens qui nous estoyent

(1) *Minage* : Mesurage des grains par le minager, officier seigneurial, qui percevait un droit pour cette opération. *Tonnil* ou *Tonlieu* : Droit prélevé sur la vente de toute marchandise. *Estelage* ou *Estrelage* : Droit que certains seigneurs prélevaient sur le sel au moment où les voitures des gabelles passaient sur leurs terres.

deubs le jour de la Sainct Denys chacun an au pris de quarente cinq souls de rente par an. Derechef tous les cens qui nous estoyent deubs le jour de la Sainct Remy chacun an en la dicte ville de Nogent lesquels portent lots et ventes ou pris de cinquante souls de rente par an. Derechef le murage (1) de Pavant en pris de deux souls de rente par an. Derechef la grange au-dessus dou chastel de Nogent, la cave les portes et toutes les apertenances de la dicte grange des ques aux murs de nostre chastel, la maison qui fut Leroy charron et la maison qui fut Richard Couve en pris de quatre livres de rente par an, les devant dictes grange et maison retenues (2). Derechef sur la taille de la dicte ville de Nogent qui se faict à la Sainct Remy sur nos hommes de Nogent et sur les forains et sur nos hostes des pre miers deniers levés de la dicte taille de rente chacun an trente livres. Derechef sur la merye (3) de Saul- chery et sur tout ce que nous y avons treize livres de rente par an à payer ains comme dessus est dict de la taille des premiers deniers levés de la dicte merye. De- rechef toutes les aveinues des feux de toute la parroche de Nogent en la maniere que nous les soulions recouvre en pris de vingt et quatre livres de rente par an. De- rechef les boys des larris saisi et vestu ains comme il est ou il y a quatre vint dix arpens prisé l'arpent six souls en pris de vingt sept livres de rente par an. De-

(1) *Murage* : Impôt pour la construction ou entretien des murs d'une ville ou d'un château.

(2) A partir de ce point jusqu'à « derechef le boys de l'aunoy de la Noe », tout ce qui suit ne figure pas dans la copie du lieu des trans- cripts et de plus à la place des bois des Larris se trouve la phrase suivante : « Derechef le bois de Rutort ou il y a soixante quatre « arpens prisie chacun arpent tout nu quatre solz de rente par an « rabatu le quint denier que le seigneur de Valery (?) i a quant il est « venduz, en pris de douze livres scize solz de rente. »

(3) *Merye*, fief ayant droit de basse juridiction.

et demy et vingt troys perches es pré dessoubs Romeny
et onze arpens et demy ou pré de Frelles ; et six arpens
ou pré de Rubert dou pris de vingt souls chacun arpent
en pris de trente et deux livres et vingt deux deniers de
rente par an. Derechef les prés de la Noe qui sont entre
les deux aulnoys ou il y a douze arpens et demy dou
pris de douze souls l'arpent en pris de sept livres et dix
souls de rente par an. Derechef six arpens et demy et
vingt six perches de vigne assizes aux Saulx, prisé l'arpent quarente souls en pris de treize livres dix souls
cinq deniers de rente par an (1). Derechef tous les saulcoys qui sont entre les jardins et prairie de Marne au
dehors jusques au pont avec les saulcoys d'Embrainne
et tous nos saulcoys en quelque lieu qui soyent hormis
les saulcoys qui sont en prés les murs de nostre grange
de Brye en pris de quinze livres de rente par an (2).
Derechef le rû qui court parmy le saulcoy d'Embrainne
ains comme il se comporte en pris de vingt souls de
rente par ans. Derechef le champ de Bertain ou il y a
dix arpens et demy de terre gaignable. Et le champ de
Blanchard ou il y a cinq arpens et demy dou pris de
cinq souls l'arpent en pris de quatre livres de rente par
an. Derechef environ quatre arpens et demy de terre
dedans nos jardins pour le siège de l'Abbaye avec les
cloisons de nos murs à crencauls et des fosses entour
tant comme la cloison des quatre arpens et demy de
terre dure tout au tour. Les quelles choses dessus dictes
nous voulons et octroyons quel seurs dessus dictes puis-

(1) « Derechef le four de Nogent en pris de vingt cinq livres de
« rente par an oultre les quinze livres que li chappelains y prent. »
Derechef tous les saulcoys, etc.

(2) A la place de ce qui suit jusqu'aux mots « derechef environ
quatre arpens, etc. », lire la seule phrase suivante : « Derechef le
« fossé qui est derrière la maison de Nogent qui contient quarante et
« cinq perches prisé l'arpent quatre livres en pris de trente sept
« solz par an. »

sent tenir à tous jour mais sans tout contredict ou aultre despances. Et tout le droict et la possession, la propriété, la seigneurie que nous avions ès choses susdictes nous transportons ès seurs dont devant dict couvent sauf et retenu a nous et a nos successeurs ès choses dessus dictes tant seulement la haulte justice. Et promettons que contre le don dessus dict nous ne viendrons par nous ne par aultre ou temps advenir. Encor promectons nous toutes choses dessus dictes et chacune d'icelles à garantir à tous jours mes ou couvent et aux seurs de celuy lieu. Et quant à ce nous obligeons nous et nos hoirs et tous nos biens et les biens de nos hoirs ou que ils soyent. Et supplions et requerons humblement à nostre très cher et très amé Seigneur le Roy de France et nostre très chère et très aymée fille la Royne de France, sa compaigne que il nostre don dessus dict toutes les choses dessus dictes lesquelles nous faisons pour euls et pour nous veillent octroyer, agréer admortyr et confirmer en telle manière que le devant dict couvent et seurs puyssent jouir perdurablement paisiblement et entièrement dou don et des choses dessus dictes. Derechef nous supplions et requerons humblement à nostre très cher et très amé Seigneur le Roy de France que les seurs dou couvent dessus dict puissent acquérir rentes soubs luy jusque à la valeur de cent livres de rente. Et nous en tesmoing et à greignaire fermeté des choses dessus dictes avons mys notre scel en ces présentes données à Sainct Marcel près Paris, le lendemain de la feste de Sainct Jean Baptiste. L'an de grâce mil deux cens quatre vingt dix neuf. »

II

Recettes et Dépenses de la Chatellenie de Nogent
en 1357

« Ondict compte au chapitre des receptes est escript...
A Nogent-l'Artaud que vouloit tenir à vie feue madame
Ysabeau de Lorraine jadis dame d'Ancerville pour la
cause contenue et comptes précédens, laquelle mourut
le xx° jour de may 1353, et depuys fut mise la terre en
domaine pour le roy notre Seigneur en la manière qui
s'ensuyt :

De la vallue de Nogent-l'Artaud et des exploitz de
justice dicelle que tenoit à sa vie la dicte feue madame
d'Ancerville excepté les mains mortes, estraves et
espaves de la dicte terre, la vallue des grains et des
moulins dudict Nogent, les foires, la taille, les fiefs et
les cens du chastel de Nogent admoissonnés à Martin
Ysabellot à troys ans pour l'an finy à la Magdeleine 1356,
dernier tiers, pour tout huit vingt (160) livres qui se
payent cest assavoir pour le premier 56 livres 13 sols
4 deniers tournois febles et pour les deux derniers tiers
113 livres 6 sous 8 deniers tournois fors.

De la jurée de Nogent et des villes appartenantes à
Saint-André 1355 pour tous les parties en ung roolle
rendu a court six vingt (120) livres 11 sols tournois
febles.

Des fournemens de la dicte jurée, néant en cest an.

De cent anguilles que doibt Remy le musnier de Damery et Jeanne sa femme demourant aud. Nogent pour
la ferme des moulins illec et de la pescherie d'iceulx
qui leur ont été admoissonnés par an avec six muyds
de froment qu'il en rend cydessus au compte des bledz
de cest an au chappitre dud. Nogent jusques a six ans

pour ce et pour les termes de la Toussaints 1355 et de Pasques 1356 quart sixième de cent anguilles, neant, car le prévost fermier les a leuez avecques les chatelz de lad. prévosté pour ce qu'il les dit a luy appartenir à cause de sad. ferme.

De la venduc de troys muyds troys bichets formant a la mesure de Nogent de la reinaissance des bleds desd. moulins pour l'an finy à la Saint Loys, 25ᵉ jour d'aoust 1356, vendus en plain de marché illec en juing 1356 au feur de dix sols le septier, pour tout 18 livres 7 sols 6 deniers tournois.

Du four de Nogent admoisonné par Jehan de Flancy grenetier de Victry à Pensart de Montdorin demourant aud. Nogent à troys ans pour l'an finy a l'ascension Notre Seigneur 1356 premier tiers, pour tout 24 livres tournois a deux termes à la Saint Andry l'an 1355 et a lad. Ascencion 1356 après ensuyvant, par moictié pour le terme de la Saint Andry 1355, 12 livres febles et pour le terme de l'Ascension 1356 ensuivant 12 livres fors.

Des cens de la maison la femme Briole séant à la Verrine pour la Saint Remy 1355 un denier tournois feble.

Des lods et ventes dud. cens. Neant en cest an.

Du demourant des cens dud. Nogent, neant pour ce que lesd. relligieuses cordellières dillec les tiennent et lievent acause de leur église si comme ils dient (1).

De la despouille de environ unze arpens de prez pour la fenaison 1355.

De la Grange de Brie et de toutes les appartenences à illec laquelle est prisée si comme il pourra apparoir par l'assiette dernière faute des revenus de la chatellenie dud. Nogent.

____

(1) Voir à l'acte de fondation ci-dessus, les cens dûs à la Saint Denis valant 45 sols et ceux dûs à la Saint Remy valant 50 sols.

Du colombier de lad. grange qui est prisé par lad. assiette 60 sols parisis par an.

De la garenne illec qui est prisée par lad. assiette dix sols parisis par an.

Des boys de lad. chastellenie qui sont prisez valloir par an par lad. assiette 26 livres 14 sols, neant car le gruyer n'en a aucuns vendus ne faict mention en son compte.

Au compte de chappitre des despens en la baillie de Victry pour ung an finy à la Magdelaine 1356, chappitre des fiefs et arrière fiefs a este extraict ce qui s'en suit :

A Nogent-l'Artaud que vouloit tenir a vie...

Aux cordeliers de Nogent-l'Artaud de l'église Saint-Claire pour rentes quelles prenent sur la mairie de Sauchery pour le terme de la Saint-Remy 1355, trente livres tournois febles.

Et pour leur autre rente sur la jurée de Nogent à la Saint Andry 1355, trente livres tournois febles.

A l'abbaye Saint Jean des Vignes de Soissons sur le ponterage de Nogent quarante sols tournois a deux termes, pour celui de Noël 1355, vingt sols tournois febles et pour le terme de Saint Jean 1356, vingt sols tournois fors.

Au chappellain de la chappelle Saint Blanchard aud. Nogent pour sa rente de terme de Pasques 1356, cent sols tournois fors.

Au chappellain de la chappelle Nostre Dame aud. Nogent pour sa rente sur les cens des vaches cent sols tournois à deux termes, pour celluy de Noël 1355, qua rante sols tournois febles et pour le terme de l'Ascension 1356 soixante sols tournois fors.

A demoiselle Marie de Coucy, dame de Romeny pour sa rente sur le plait général de Sauchery pour cest an finy à la Magdelaine 1356, dix-neuf sols tournois fors.

Aux relligieuses de l'Eglise Notre Dame de la Barre sur le péage de Nogent à Pasques 1356, dix livres fors.

Ou chappitre intitulé despens pour faire taille et

jurées pour le terme de la Saint Andry 1355 est inscript l'article qui s'ensuit :

Pour tous les deffaulx de la jurée de Nogent-l'Artaud et des villes appartenentes aux termes dont on a peu rien lever pour lesd. causes, les parties contenues en ung aultre roolle saulez le scel de Oudin l'escuyer collecteur d'icelle rendu a court, pour tout huit livres douze sols tournois febles.

Ond. compte du chappitre intitulé : œuvres faictes en ceste baillie par Jean de Plancy grenetier de Victry en a este extraict les articles qui s'enssuivent :

Pour œuvres faites a Nogent-l'Artaud est assavoir : es pontz moulins et chaucées dillec, pour boiys et aultres matières acheptées de plusieurs personnes livrées en plan delez lesd. moulins aux despens du Roy et illec mises en œuvre aux cousts mises et despens de Remy le musnier de Damery par la condition de la ferme desd. moulins qu'il tient chacun et aultres choses, pour tout dont les parties sont ond. compte cent dix-neuf sols tournois febles et trente-six sols tournois fors, et trois escus d'or.

Pour une somme de fort clou a later contenant douze mille achaptés à la foire de Chautierry commencé le 2ᵉ jour de jung 1356, mys en garnison pour la nécessité des ouvrages du Roy, et pour six cents de fort late achapté lors de Jehan Couchon, pour tout par lettres rendues a court cinq sols et demy, et trente sols fors.

Pour œuvres faictes es portes de Nogent-l'Artaud l'une appelée la porte du four et l'aultre la porte au trésorier jung juillet 1356 pour le charron, voiture de thieule à ce nécessaire, des la grange aux boys dessus Nogent jusques de lez led. portes dont les parties sont ond. compte, pour tout trois escus et huict sols tournois fors (1). »

(1) *Arch. Nat.* Trésor des Chartes. J. 764, n° 28, 2ᵉ pièce.

III

Aveu fait le 9 Juin 1637 par Vincent Bouhier

« C'est l'adveu et dénombrement de la Chastellenye, terre et seigneurerie de Nogent l'Arthault que nous Vincent Bouhier, seigneur de Beaumarchais, conseiller du Roy en son. conseil d'Estat et privé, intendant de l'Ordre du Saint-Esprit avons et confessons tenir en plein fief foy et hommage au Roy nostre Sire à cause de son duché de Chaû-thierry, ledict denombrement par nous présenté à Messieurs les officiers de Sa Majesté en son duché de Chasteau thierry avec protestation d'y augmenter ou diminuer s'il y echest d'y advouer et recognoistre de mesme ce qui sera trouvé estre par nous vrai ou veu ce qui y est contenu.

Premièrement. — Nous tenons ledict Nogent en droit de Chastellenye et l'une des quatre Chastellenyes qui sont dedans la prévosté dudict Chasteau-Thierry en laquelle nous avons tous droits et prérogatives qui appartiennent à Seigneur Chastelain avec toute justice haulte et moyenne et basse en toute l'estendue de nostre ditte chastellenye et pouvoir d'y pourvoir à juger, en qualité de bailly et lieutenant et procureur fiscal, greffier, sergents, notaire avec tout droict de deffaulx, exploits..... confiscations et générallement tous autres droits qui dépendent d'icelles justices.

Item. — Chasteau et maison seigneuriale aud. Nogent consistant en maison manable, logis, cour fermée de murailles et fossez à l'entour ou y a pour leur..... en fonds de terre ou environ ung arpent.

Item. — Attenant du fossez dud. chasteau et maison seigneurialle est le jardin à herbes et arbres ou y a fontaine, canal, vivier et fossez à eau fermé de murailles, le tout tenant ensemble, contenant le tout en fonds d'héritage environ deux arpens.

Item. — La rivière de Marne avec tous ses droicts et justice haulte, moyenne et basse depuis l'embouchure du ru d'Ambrayne attenant à la rivière du sieur de Rommeny jusqu'au dessoubz du bacq de Charly consistant en cinquante quatre arpens ou environ.

Item. — Un bacq sur lad. rivière près ou l'endroit dud. Nogent un peu au dessus du moulin dud. lieu.

Item. — Un moulin pendant sur lad. rivière à l'endroict dud. Nogent servant à moudre grains auquel moulin..... le..... dud. Rommeny.

Item. — Droict de peaige sur lad. rivière à nostre perthuis dud. Nogent et semblable que celui de Chaûtiery plus droict de séjour aud. perthuis.

Item. — Une ferme et mettairie appellée la ferme de la Grange au Seigneur qui se consiste en maison manable, grange, estables, cour, jardins et acceints avec la quantité de cent arpens ou environ tant terres labourables, prez, pastures que autres héritages.

Item. — Une autre ferme appelée la ferme de la Meulle percée, consistant en maison manable, grange, estables, cour, jardins et acceints sur la quantité de soixante arpens ou environ, tant terres labourables, prez, pastures que autres héritages.

Item. — Environ trois arpens de prez que marcts (mares) en plusieurs pièces tant au pré de la Tour que en la prairie dud. Nogent.

Item. — Les fermes du greffe et tabellionnage dud. Nogent.

Item. — Droict..... de la rivière dud. Nogent tant au dessus de nostre moulin que au dessoubz.

Item. — Une foire séant en notre pré de la Tour tous les ans, le jour de la Saint-Laurent, dixième d'aoust.

Item. — La somme de huit livres cinq deniers de cens, portant lotz,..... rentes, saisines..... qu'avons droict de prendre chacun an le jour de Saint-Remy, chef d'octobre à toujours sur tous nos subjets aud. Nogent et autres qui ont logis et héritage.

Item. — Droicts de cens, sur cens en la feste de Saint-Etienne lendemain de Noël à prendre comme ci-dessus sur tous nos subjets dud. Nogent et autres qui y ont logis et héritages la somme de deux cent cinquante livres.

Item. — Les surcens et..... en grains la quantité de deux muids et demy deux parts bled formant le tiers avoine mesure dud. Nogent à prendre aussy comme dessus payables aud. jour Saint-Estienne lendemain de Noël et au..... Saint-Martin d'hiver chacun an.

Item. — La quantité de quatre vingtz onze chappons de coustumes payables et à prendre comme dessus.

Item. — La quantité de quatre vingtz quatre poulles aussy de coustume paiables et à prendre comme dessus.

Item. — La garenne dud. Nogent contenant six arpens ou environ.

Item. — La quantité de neuf cens cinquante arpens de bois taillis ou environ à la mesure dud. Nogent en plusieurs et diverses pièces.

Item. — Trois quartiers de vigne ou vignoble au terroir dud. Nogent.

Item. — Au lieu appelé la Carmanerie dud. Nogent y a vingt quatre arpens de terres labourables en plusieurs pièces qui sont à present en friche et savart.

Item. — Dix arpens ou environ de terres labourables en plusieurs pièces que tient... de présent un nommé... laboureur aud. Nogent et sont lesd. terres situées dans la vallée dud. Nogent.

Plus dix huit arpens de terre labourable au lieudit le Mesnillot, seigneurie dud. Nogent en plusieurs pièces que tient à présent à..... ung nommé..... demeurant en la paroisse dud. Nogent.

Item. — A cause de lad. chastellenye. terre et seigneurie de Nogent l'Arthault relève simplement de nous sieur de Beaumarchais un fief appelé le fief de la cour d'Orly aud. lieu d'Orly, le quel fief appartient aux Célestins de Paris lesquels toutes fois et quantes le cas échest nous fournissent dénombrement et adveu et bailent homme vivant et mourant.

Et sy plus ou moings y a en sa dépendance de nostred. chastellenye, terre et seigneurie de Nogent que ce que dic est cy-dessus et advouons tenir du Roy par protestation que faisons de corriger ce présent adveu et dénombrement toutes et quantes fois que nous en seront mieux instruits ou plus amplement informez.

En tesmoing de quoy nous avons signé ces présentes de notre Seing manuel et accoustumé et à icelles faict apposer le cachet de nos armes.

Faict à nostre hostel seis à Paris sur le quay des Célestins le neufiesme jour de juing mil six cens vingt sept.

Signé : BOUHIER. »

(Cachet ovale.)

I V

DÉCLARATION DE LA TERRE ET BARONIE DE NOGENT

« Premièrement un chasteau seigneurial avec cinq arpens d'accins au-dedans desquels sont plusieurs arbres fruitiers avec un beau jardin et plusieurs canolz provenant des fontaines qui sont dans ledit accin.

Plus les fossez de la ville remplis d'eau dont le seigneur peut tirer proffit par chascun an.

Plus y a une foire audict Nogent par chascun an où le seigneur dud. lieu a tout droit d'adjoust, d'aulnage et de poix de toute marchandise qui s'y estalle, lequel droit s'admodie tous les ans avec le droit de rouys (1).

---

(1) Ou de rouage ; droit perçu sur des marchandises transportées par voiture.

Lad. terre consistant en droit de baronie et chatellenie, bailliage, droit de sceau avec tout droit de haulte,
moyenne et basse justice ; et au seigneur appartient de
créer tous officiers pour exercer la justice, avec tous
droits d'aubeynes, despens, confiscations et amendes
arbitraires.

Le greffe et tabellionnage dud. Nogent est affermé par
an deux cens quarante livres.

Les cens (1) et rentes de la ville et hameaux dépendans dud. Nogent valent par an trois cens livres.

L'on doibt au seigneur par an deux cens vollailles au
jour Saint Estienne le lendemain de Noël estimées à
cent livres.

Les amendes et deffaux (2) dud. Nogent vallent par an
cinquante livres.

Les lotz et ventes dud. Nogent sans y comprendre les
villages de Saulchery et du Pont peuvent valoir par an
cent cinquante livres.

Plus sur la rivière de Marne sur laquelle ledit seigneur
de Nogent a une lieue d'estendue et y a un bacq affermé
à trois cens soixante livres et un quarteron de brochets
y compris la pescherie, le tout vallant quatre cens
livres.

Sur lad. rivière y a un pertuis où tous les bateaux
montant et avallant doivent tribut lequel est affermé à
six cent cinquante livres par an.

Et sur icelle rivière y a un moulin dont la moitié
appartient aud. Seigneur (3) laquelle moitié est affermée
quatre cens cinquante livres.

Les rivages de la rivière par chaque année vallent
trente livres.

(1) Impôt dû au seigneur pour les terres qu'on détenait.
(2) Amende due au seigneur pour défaut de payer le cens.
(3) L'autre moitié appartenait au seigneur de Romeny.

Les places du port de la rivière vallent par an dix livres.

La ferme de la Grange au Seigneur consistant en quatre-vingt seize arpens de terre labourable vault par an cinq muids de grain, les deux parts blés et le tiers avoine qui vallent en argent cent cinquante livres.

Plus il est deubt par plusieurs particuliers la quantité de deux muids de grains de rente, les deux parts bled et le tiers avoine qui peuvent valoir cent livres.

Plus il y a mille arpens de bois dont la coupe se faict de cent arpens par chascun an à x l (40) livres chascun arpent, soit pour tout quatre mille livres.

Le refouage des sujetz pour mettre leurs chevaux pasturer au bois dud. Nogent est affermé deux muids d'avoine qui peuvent valloir soixante livres.

Les villages de Saulchery et du Pont consistans en deux cens feux où le seigneur a tous droitz de justice et bailliage sont affermés par an deux cens livres non compris les vignes et pressoir cy après déclarés.

Plus tous les habitans doibvent tous les ans un jour de l'année, à peine d'un sou d'amende chascun, se présenter devant la porte du chasteau dud. Nogent, avec le bailly et officiers pour tenir les assises (1).

Le pressoir dud. Saulchery vault par an cinquante livres.

Les vignes dud. Nogent et Saulchery consistant en trois arpens pouvent valloir par an cent cinquante livres.

Plus huict arpens de pré dépendans du domaine dud. Nogent à XV livres l'arpent vallent par an cent livres.

Plus aud. Nogent y a un beau fief lequel est tenu par les Célestins de Paris qui doibvent aud. seigneur de

(1) Cet article n'était pas observé.

Nogent, homme vivant et mourant, et confiscant dans la mort advenant le revenu de l'année appartient au seigneur ; il est de valleur de XII^C (douze cents) livres par an.

Plus y a plusieurs beaux fiefs qui dépendent de Nogent. »

Ce document nous montre quels étaient encore à cette époque les droits du seigneur à Nogent et sur ses dépendances, ainsi que les revenus qu'il tirait de ces droits et des fermes qu'il possédait aux environs. Ces revenus s'élevaient à environ huit mille six cent soixante quinze livres par an.

V

Biens et Revenus de l'Hotel-Dieu de Nogent

En 1740, on fit l'inventaire des revenus de la Maladrerie de Nogent. Outre le bois de l'Hôtel Dieu dont le revenu était estimé 120 livres, elle possédait entre la Houssière, le Val et le Mesnil-Haut des terres labourables louées à Pierre Brayer dix livres cinq sols.

A Nogent, il était dû par Jacques Duclert et consorts une rente foncière de trois livres.

A Nogent, François Poisson et dame Louise-Madeleine De La Motte, sa femme, séparée de biens, devaient une rente foncière non rachetable de soixante dix livres.

A Nogent, Germain Prevost, menuisier, devait une rente de douze livres dix sols.

A Nogent, Etienne Bocquillon, menuisier, devait quinze livres de rente.

Marie-Jeanne Genée, veuve de Pierre-Henri Leclerc, en son vivant capitaine des charrois du duc d'Orléans, demeurant à Nogent, devait cinquante livres de rente au principal de mille livres, payables le 10 février 1748, laquelle rente a été remboursée le 29 septembre de la même année.

A Romeny, des prés loués à François Dhérot, douze livres.

A Château-Thierry, il était dû sur l'état des tailles, dix livres.

A Citry, des héritages sur lesquels il était dû vingt livres.

Au lieudit Mont-Reny (Mont-Régnier), une maison, cour, jardin, vignes, contenant environ deux arpents.

Item, une pièce de chenevières, contenant quarante perches ou environ ;

Item, une pièce de jardin, contenant un quartier et demi ;

Item, une pièce de terre, contenant deux arpents ;

Item, une autre pièce de terre, contenant trois quartiers ;

Item, une pièce de terre, contenant un arpent ou environ ;

Item, une pièce de terre, contenant quarante perches ;

Item, une pièce, contenant trente perches ;

Item, une pièce, contenant cinquante perches ;

Item, deux autres pièces, contenant chacune un arpent ;

Item, une autre pièce, de vingt perches ;

Item, une autre pièce, d'un arpent, au lieudit la Barbette ;

Item, un quartier de savarts, au même lieu ;

Item, une pièce de terre, de trois arpents ou environ, lieudit les Houdelins ;

Item, une pièce de cinq quartiers, à Villaré ;

Item, une pièce de prés, de 60 perches ou environ, saulçois ;

Item, une pièce de prés, contenant trois quartiers ou environ, au-dessous de Salnove ;

Item, une pièce de terre, de cinq quartiers ou environ, attenant au ru de Mauperthuis d'une part, et au chemin de Pavant d'autre part ;

Item, une petite pièce de terre, contenant un arpent et demi environ.

A Crouttes, l'Hôtel-Dieu de Nogent possédait une pièce de prés, contenant environ un arpent ;

Item, une autre pièce de prés, contenant environ deux arpents.

Nicolas-Claude Genée, bailli de La Ferté-sous-Jouarre, devait une rente de trente livres, constituée à l'Hôtel-Dieu de Nogent, moyennant six cents livres, qui lui avaient été données par Mme Deresmond, trésorière.

Il existait encore trois contrats de rentes assignées sur le clergé de Soissons.................... 60 livres

Sur le clergé de Paris..................... 74 —

Sur le clergé de France................. 48 —

Sur les tailles de Château-Thierry....... 18 —

C'était un total de plus de .... 500 livres
qui constituaient les revenus de l'Hôtel-Dieu de Nogent.

La Charité avait possédé d'autres rentes sans doute, car un état récapitulatif de ses revenus annuels dressé avant la Révolution, sans date indiquée, comprend les articles suivants :

Les prés de Romeny, loués .... 10 livres

La rente de Citry........................ 20 —

Poisson................................. 70 —

Tailles de Château-Thierry .... 10 —

Rente Boquillon......................... 15 —

Rente Laudigeois........................ 20 —

Sur le clergé de Soissons .... 76 —

Sur le clergé de Paris .... 92 —

313 livres.

Sans compter le bois de l'Hôtel-Dieu, évalué 120 livres de revenus.

En 1752, la Charité jouissait encore des rentes suivantes, non indiquées précédemment et qui se trouvaient éteintes au moment où furent dressés les états ci-dessous.

Charles Cousin . . . .   3 livres
Germain Prévost   12   —   10 sous
Nicolas Claude Genée   30   —
Jacques Gossoin et sa femme . . .   20   —

Ustensiles de la Charité

« Il appartient à la Charité de l'Hôtel-Dieu de Nogent-l'Artaud ce qui suit :

Six chemises à usage d'homme ;
Quatre draps de toile gros chanvre ;
Une douzaine de serviettes, toile de chanvre ;
Une couverture de laine verte ;
Une seringue d'étain garnie de son étui et canons ;
Un bassin d'étain, de commodités, à bord plat.

Le tout légué à ladite Charité par Messire Nicolas Genée, vivant maître ès-arts en l'Université de Paris, décédé prêtre curé de Nogent-l'Artaud le 14 septembre 1747, après avoir possédé ladite cure quarante-trois ans neuf mois et quatre jours, âgé de soixante-seize ans, huit mois et quatorze jours, par son testament olographe du 23 avril 1747, pour servir aux pauvres malades de la paroisse dudit Nogent, à la charge que mention du présent legs sera faite sur le présent registre de la Charité par moi Marguerite Libert, trésorière, femme de Germain Deresmond, exécuteurs du testament. Plus MM. les héritiers dudit défunt, sieur Genée, ont remis cinq draps, six chemises à femme dont deux sont très mauvaises et une chemise à homme mauvaise, qui se sont trouvées dans la succession dudit défunt sieur Genée, appartenir à ladite Charité, le tout mis dans un coffre acheté exprès à la vente des effets dudit défunt sieur Genée, fermant à clef ; une pièce de toile de coupe contenant treize aulnes, achetée pour ensevelir les pauvres en cas de besoin. »

VI

Extrait du Sommaire des Domaines Nationaux vendus Nogent-l'Artaud (1)

1° Vendu le 28 mars 1791 au Citoyen Boquillon, moyennant 1,350 livres, une maison lieudit L'Echinée (La Chenée), un clos, un arpent trois perches de terres et vignes à Nogent, provenant des religieuses de Soissons, louée à Claude Dépot, suivant acte passé devant Douié, notaire à Chézy, le 3 septembre 1789.

2° Vendu le 24 mars 1791 au C" ....., moyennant 170 livres, un arpent et demi de terre avec bordure de bois taillis à Nogent, le tout provenant de La Chapelle Champruche, bail passé devant Fayet, notaire à Charly, le 29 juillet 1784.

3° Vendu le 26 mars 1791 au Citoyen Véron, moyennant 270 livres, trente perches d'oseraies en une seule pièce, au terroir de Nogent, provenant des religieuses de Nogent.

4° Vendu le 14 avril 1791 au C" Couesnon, moyennant 1,350 livres, six quartiers de vigne au terroir de Nogent exploités par les religieuses dudit lieu, provenant des religieuses.

5° Vendu le 5 mai 1791 au C" Delabarre, moyennant 2,350 livres, vingt quatre arpent de terre en une pièce..., aussi en une pièce....., le Ménil avec un arpent, le tout au terroir de Nogent..... des religieuses de Nogent.

(1) Chapitre X.

6° Vendu le 21 mai 1791 au C" Moncel, moyennant 79,000 livres, la ferme du Ménil, bâtiments en dépendant, 327 arpents 67 perches ou environ de terre, prés, bois et jardins, le tout situé au terroir de Nogent, loué au C" Jean Claude Monclaire, suivant acte sous seing privé du 7 décembre 1788 ; les biens ci-dessus provenant des cy-devant Célestins de Paris.

7° Vendu le 22 juin 1791 au C" ....., moyennant 1,250 livres, une maison et bâtiments en dépendant, vingt perches de vignes et chènevières et une pièce de terre, le tout situé au terroir de Nogent, provenant des religieuses dud. Nogent, louée au C" Hardy, suivant acte passé devant Collin, notaire, le 28 mars 1783.

8° Vendu le 17 juin 1791 au C" Guillaume, moyennant 1,000 livres, six arpents de terre, prés, clos au terroir de Nogent, loués au C" Clément Guillaume, suivant acte passé devant Douet, notaire, le 5 octobre 1788 ; les biens ci-dessus provenant des religieuses dudit Nogent.

9° Vendu le 20 juin 1791 au C" Couesnon, moyennant 1,350 livres, une pièce de vigne située au terroir de Nogent, provenant du ..... de Nogent.

10° Vendu le 6 mars 1791, au C" Jean Hotzen, moyennant 40,300 livres, une ferme et bâtiments, ... arpents de terre, 5 arpents de ....., 7 arpents 1/2 de vignes, 40 perches et 2 pressoirs, situés aud. Nogent, provenant des religieuses de Nogent.

11° Vendu le 6 mars 1791 au C" Sébastien Huyart et consorts, moyennant 5.850 livres, quatre arpents et demi de vignes, crochets au terroir de Nogent, dépendant du ci-devant domaine de la cure dud. lieu, exploité par led. curé.

12° ..... 1792 au C" ..... de Romeny, ... quatre arpents et demi de basses vignes et crochets en une seule pièce, situés terroir de Nogent, provenant des ci-devant religieuses.

13° ..... 6 mars 1792 au C" ..... Pierre, vigneron à

Saulchery, quatre arpents de vignes au terroir de Nogent, en une pièce lieudit Laval avec un vendangeoir au bout, provenant des ci-devant religieuses de Nogent.

14° Vendu le 4 avril 1792 au C" Pothin, moyennant 16.100 livres, le moulin d'Ambraine, bâtiments et dépendances, situés à Nogent, les ustensiles propres au moulin et deux pièces de terre contenant 150 perches, provenant des ci-devant religieuses de Nogent.

15° Vendu le 6 mars 1792 au C" Harpillard, moyennant 3,000 livres, trois petites maisons ..... l'une et l'autre sises ..... commune de Nogent ..... avec cour commune et environ ..... de jardin ; le tout provenant des ci-devant religieuses de Nogent ..... à François Borde, la deuxième au C" Depaux, et l'autre au C" .....

16° Vendu le 5 juillet 1792 au C" Huyart, marchand de bois et aud. Senicourt, moyennant 30.900 livres, la ferme de Dardouret, située au terroir de Nogent, consistant en bâtiments, cour, jardin, prés, bois et bordures, situés au bas Chérot, même terroir, excepté les bois enclavés dans les fossés faits autour de la grande pièce du bois de Dardouret. Le tout provenant des ci-devant religieuses de Nogent, loué au C" Charles Senicourt, moyennant le loyer de 6(?) livres, payable annuellement suivant acte reçu par Collin, le 10 septembre 1782.

17° Vendu le 3 avril 1792 au C" Roland et autres, moyennant ..... un arpent de terre situé au terroir de Nogent, provenant de la cure de Citry ..... loué au sieur Garnotel.

18° Vendu le 5 juillet 1792 au C" Jossé moyennant 260 livres, une maison, bâtiments en dépendant avec petite cour située à Nogent, provenant du ci-devant domaine de la cure dud. lieu, loué à Jacques Plateau.

19° Vendu le 19 juillet 1792 au C" Thomas, meunier, moyennant 10,150 livres, 16 arpents et demi de terre, situés au terroir de Nogent, provenant de la cure.

20° Vendu le 6 septembre 1792 au citoyen Jossé et

autres, moyennant 2,075 livres, trois petites maisons.....
l'une à l'autre à Nogent ..... rue avec cour, jardin .....
biens provenant des ci-devant religieuses dud. Nogent.

21° Remboursée au bureau de Charly le 31 octobre
1792 par led. Thomas, rente foncière de 50 livres due
sur une maison et jardin fermés de murs à Nogent
provenant des ci-devant religieuses de Nogent, par
Pierre Thomas, meunier aud. lieu, payable au 22 mars
chaque année, suivant l'acte reçu par Collin, notaire, le
22 mars 1775.

22° Remboursée par le C^n Dupuis, de Charly, le 31 octobre 1792, rente foncière de 32 sols 6 deniers due sur
une maison et héritages à Nogent provenant comme
dessus, payable chaque année au 11 novembre par
Magdeleine Dupuis, veuve Thibert, demeurant à Paris.

23° Vendu en huit parties le 8 frimaire 2e année ré-
publ. savoir :

1. aux Citoy. Juvénal et Couesnon, moyen-
    nant...... .... 1.575 livres
2. au C^n Callou............ moyennant 1.800 —
3. aux C^ns Caignon et Pottier — 2.400 —
4. au C^n Rémiot............ — 1.975 —
5. au C^n Caignon........... -- 2.050 —
6. au C^n Maingon, d'Egalité. — 2.025 —
7. au C^n Arnault, d'Egalité.. . — 15.600 —
8. au C^n Griffaul, de Romeny — 2.650 —

la maison conventuelle de Nogent-l'Artault, bâtiments,
cours, jardins et dépendances, contenant le tout environ 3 arpents et demi, le tout compris. (Cet objet n'était
pas loué lors de la vente.)

24° Vendu le 24 brumaire an III, au C^n ....., vigneron
à Saulchery, moyennant 2,400 livres, soixante......
terres..... au terroir de Nogent..... en cinq pièces, provenant de la fabrique dud. lieu. (Les loyers ont été
payés à la fabrique.)

25° Vendu led. jour au C^n Brayer et autres, moyennant 1,125 livres, 32 perches situées au terroir de Nogent en quatre pièces provenant de.....

26. Vendu le 24 brumaire an III au Cⁿˢ Brayer, Remi Callou et Jean Sébastien, moyennant (pas de prix) 8 arpents, tant terres, bois, savarts en une pièce situés à Nogent provenant de la Chapelle de Notre-Dame des Sablons.

———

Le Château de Nogent-l'Artaud et ses dépendances ont été vendus en juillet 1887 à M. le Dʳ Lancereaux.

A. C. & Cʜ. L.

FIN

TABLE DES MATIÈRES

Château-Thierry. — Imprimerie Moderne, H. Bouchardeau, directeur.

que nous reproduisons
parce qu'il se trouve
dans le parc du Château
de Nogent-l'Artaud mais
dont nous n'avons pu
connaître l'origine ni
déterminer la famille à
laquelle se rattache le
blason supporté par ce
lion.

NOTES COMPLÉMENTAIRES OU RECTIFICATIVES

Page 18. — Artaud mourut le 20 janvier d'une année ne dépassant pas 1195, mais toutefois postérieure à 1188, car, après cette dernière année, il n'est plus mentionné dans les actes de Champagne, comme il l'était fréquemment depuis 1158 (1).

Page 22. — Voici comment s'exprimait le défenseur des Seigneurs de Nogent à la saisie faite en 1532 relativement à la mort d'Ysabelle, femme de Guillaume d'Acy : « Laquelle décéda au moys de décembre 1250 et fut enterrée au cueur de l'Eglise de Nogent comme il se veoit encore aujourd'huy par sa tombe et inscription sur icelle faicte de son nom, moys, jour et an de son décès, selon qu'on a acoustumé de faire en tel cas : mesmement oultre est l'effigie et portrait desd. Guillaume, fils d'icelle Hodierne, et de lad. Ysabeau, la femme dud. Guillaume, au milieu du cueur de l'Eglise dud. Nogent-sur-Marne en une verrière historiée de la Passion. »

Page 45. — Henri de Lancastre dès 1325 est dénommé comme Seigneur de Nogent dans « l'assiette » du domaine de Jeanne d'Evreux, reine de France et de Navarre, et dans cette assiette le fief de Nogent figure parmi ceux relevant du Roi en la châtellenie de Château-Thierry pour un revenu annuel de deux cents livres ; puis parmi les arrière-vassaux de la châtellenie, qui tiennent d'Henri de Lancastre, figurent : Boutage pour 55 lb., Baudoin de Charly 12 lb., Thibaud de Romeny 10 lb.,

---

(1) Longnon, page 29 de l'Introduction au tome Ier des Obituaires publiés par l'Institut dans le Recueil des historiens de France.

Regnaud de Verdelot 20 lb·, le Jay de Bordeaux 20 lb·, Mauterrier 50 lb· et Mgr Pierre Sonjon 20 lb· (1).

Pages 46 et 47. — Après la confiscation de 1339, la Seigneurie de Nogent fut, ainsi que le montre le compte du domaine de Champagne pour 1340 et 1341 (2), donné à vie à Raoul, duc de Lorraine, qui avait épousé Marie de Blois, fille de Guy de Chatillon, comte de Blois, et de Marguerite de Valois, sœur du Roi. Ce fut toutefois avant la mort de Raoul, arrivée en 1346, que Nogent dût passer aux mains d'Ysabelle de Lorraine puisque dans une sentence rendue en 1342 par le bailli de Nogent il est question d'un sergent au service de la dame de Lorraine.

Page 184. — A M. l'abbé Blanchart succéda l'abbé Lecomte (Antoine-Arcade), nommé à la cure de Nogent le 15 février 1888.

ERRATA

Pages	62	*ligne*	13	*lire*	porte	*au lieu de*	poste
—	69	—	9	—	par	—	pour
—	73	—	13	—	tant	—	tout
—	80	—	10	—	celle-ci	—	celui-ci
—	96	*dernière*	—	dei	—	mei
—	174	*ligne*	19	—	propriétés	—	propriété
—	175	—	30	—	bénit	—	béni
—	223	—	2	—	souloit	—	vouloit
—	224	—	6	—	fromant	—	formant
—	225	*dernière*	—	au	—	ou
—	226	*ligne*	13	—	pontz	—	pentz
—	226	—	13	—	chaucées	—	chancées
—	226	9, 19, 32	—	aud	—	ond

(1) Longnon. Documents relatifs au Comte de Champagne et Brie, tome II, p. 262 et 264.

(2) Longnon. Documents déjà cités, tome III, p. 349 et 357.

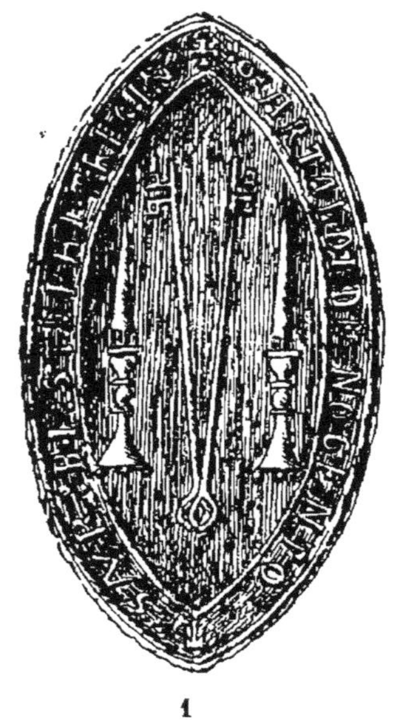

1

3

2

4

5

N° 1. — Sceau d'Artaud, trésorier de l'Église de Troyes, appendu à la Sentence arbitrale de décembre 1231.

N° 2. — Sceau de Guillaume d'Acy. *Arch. Nat.* L. 761.

† S' . . . . O : MILITIS DN̄I DE NOGE . . . . . TAV . .

Sigillum Guillelmi de Aciaco militis domini de Nogento Ertaudi

Appendu à la donation d'une chapelle dans l'Église de Nogent par Guillaume et Mathilde, sa femme, décembre 1267.

N° 3. — Contre-sceau du précédent sceau.
Écu à une fasce brisé d'un lambel de cinq pendants mouvant du chef.

† 9TRA . S' GVILLELMI MILITIS

Contra Sigillum Guillelmi militis

N° 4. — Sceau de Mathilde, femme du précédent.
Sceau ogival de 60 mill.
Dame debout tenant un oiseau au poing et accolée de deux roses.

† S' MATILDIS DNE DE NOGENTO ERTAUDI

Même provenance que les sceau et contre-sceau précédents.

N° 5. — Blanche d'Artois, comtesse de Rônay. *Arch. Nat.* I. 530.
Sceau ogival de 55 mill.
La comtesse debout en manteau vairé, à dextre l'écu de Rônay, à sénestre celui d'Artois, au bas un lion rampant.

S' BLANCHE . COMITESSE D : ROSNAYO

Appendu à une procuration de la comtesse pour toucher sa dot. 1269.

Nº 6. — Sceau oval de Blanche d'Artois. (Archives de M. le comte de Kérouartz.)

† S' . . . . ET BRIE COMITESSE

Sigillum Blanchie Di gracia regine Navarre : campanie et Brie cómitesse

Reine au manteau parti aux armes de Lancastre à dextre, parti aux armes de Champagne à sénestre, tenant à droite un pennon aux armes de Navarre, et à gauche un autre aux armes d'Artois.

Appendu à l'homologation d'une Sentence arbitrale rendue sur différents entr'elle, comme dame de Nogent et les religieux de Saint-Germain-des-Prés, lundi des Rameaux 1300.

Nº 7. — Contre-sceau, même provenance.

À dextre écu aux armes de Navarre, en haut à celles de Champagne, à sénestre à celles de Lancastre et en bas à celles d'Artois.

Même inscription en bordure.

Nº 8. — Sceau de Jeanne, abbesse de Saint-Louis de Nogent.

Sceau ogival de 55 mill. *Arch. Nat.* J. 465, nº 35.

Le couronnement de la Vierge. Au-dessous un priant.

S' . . ABBIS . . . OR . . VM DE NO . . . . ARTAUDI

Sigillum abbatisse sororum minorum de Nogento Artaudi

Appendu à une promesse de prières pour le roi vers 1367.

Nº 9. — Sceau de Saint Louis de Nogent-l'Artaud. *Arch. Nat.* J. 465, nº 35.

Sous une arcade gothique Saint-Louis, debout couronné et tenant un sceptre fleurdelisé, est accompagné des lettres S L. Au bas six petits personnages en prière.

. . . . S SOR OR MIN . . .

Sigillum conventus sororum minorum

Appendu à une charte de 1367.

Nº 10. — Sceau de la Châtellenie de Nogent l'Artaud. *Arch. Nat.* K. 1151.

Fragment de sceau rond de 22 mill.

Écu en losange parti d'hermines et de fleurs de lys.

. . . . EN LA CHASTELL . DE NOG . . .

en la chastellenie de Nogent

Appendu à un acte du lieutenant du bailli de Nogent-l'Artaud de par la Comtesse d'Étampes et de Vertus, mois de juin 1455.

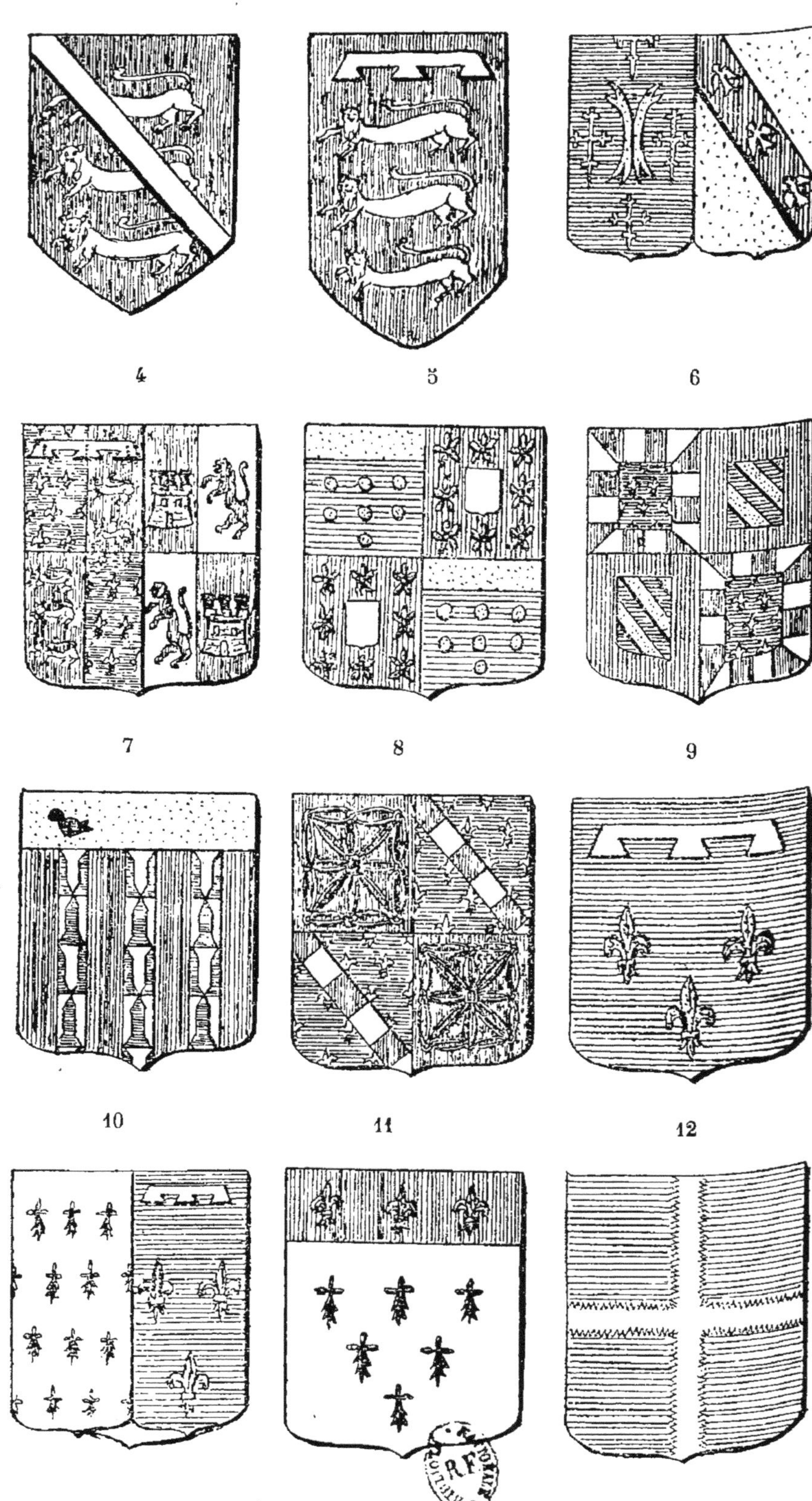

1. — Jean de Lancastre. De gueules à trois léopards d'argent brisés d'une bande de même.

2. — Henri II de Lancastre. De gueules à trois léopards d'argent surmontés d'un lambel d'argent à trois pendants.

3. — Isabelle de Lorraine, veuve d'Érard de Bar. Au 1 d'azur aux deux bars d'or posés entre quatre croix recroisetées d'argent, au 2, d'or à la bande de gueules chargée de trois alérions d'argent.

4. — Jean II de Lancastre. Au 1 écartelé de France et d'Angleterre brisé d'un lambel à trois pendants, chaque pendant chargé de trois besants ; au 2 écartelé de Castille et de Léon.

5. — Jean II de Melun, comte de Tancarville. Aux 1 et 4 de Melun (d'azur à sept besants d'or 3, 3 et 1 au chef d'or). aux 2 et 3 de Tancarville (de gueules semé de quintefeuilles et chargé en cœur d'un écusson d'argent.

6. — Philippe le Hardi, duc de Bourgogne. Aux 1 et 4 semé de France à la bordure componée d'argent et de gueules, aux 2 et 3 bandé d'or et d'azur à la bordure de gueules.

7. — Charles de Châtillon. De gueules à trois pals de vair au chef d'or avec merlette de sable.

8. — Charles III, roi de Navarre 1 et 4 de Navarre ; 2 et 3 semé de France à la bande componée d'argent et de gueules.

9. — Louis, duc d'Orléans, fils de Charles V. De France au lambel d'argent.

10. — Marguerite d'Orléans, veuve de Richard, duc de Bretagne. Au 1 de Bretagne, au 2 d'Orléans.

11. — François II, duc de Bretagne. D'hermine au chef de gueules à trois fleurs de lys d'or.

12. — Jean de Daillon. D'azur à la croix engrêlée d'argent.

13. — Marie de Laval, veuve de Jean Daillon. D'or à la croix de
gueules chargée de cinq coquilles d'argent, accompagné de seize alérions d'azur et brisé d'un franc quartier d'azur au lion lampassé semé
de fleurs de lys de même.

14. — Jean de Châlon. Aux 1 et 4 de gueules à la bande d'or, aux
2 et 3 d'or au huchet d'argent et brochant sur le tout un écu échi-
queté d'or et d'azur.

15. — Madeleine Cléret. D'azur à la main d'argent à la bordure de
gueules. (?)

16. — de Goyon. D'argent au lion de gueules couronné d'or.

17. — de Louan. D'argent à trois têtes de loup arrachées de sable.

18. — de Bus. D'azur à deux épées d'argent passées en sautoir les
pointes en bas.

19. — Charles de la Haye. D'azur fretté d'or, semé dans les claire-
voies de chaussetrappes d'argent.

20. — de Quellenec. D'azur à trois fusées d'or.

21. — Duc de la Vieuville. Aux 1 et 4 fascé d'or et d'azur de huit
pièces à trois agnelets de gueules en chef brochant sur les deux premières fasces et qui est de la Vieuville ; aux 2 et 3 d'hermines au chef
endeuché de gueules qui est de la famille d'O, et brochant sur le tout
écu d'argent à sept feuilles de houx d'azur qui est Coskier de Bretagne.

22. — de la Bedoyère. Aux 1 et 4 d'argent à trois huchets de sable
et aux 2 et 3 six billettes d'argent percées et posées sur fond d'azur
3, 2 et 1.

23. — de Kerouartz. Une roue de sable entre trois croix de même
sur fond d'argent.

24. — Claude Ozan, curé de Nogent. D'azur aux cinq croix pattées
d'or posées 2, 1 et 2 et au chef d'argent chargé de deux croissants de
gueules.

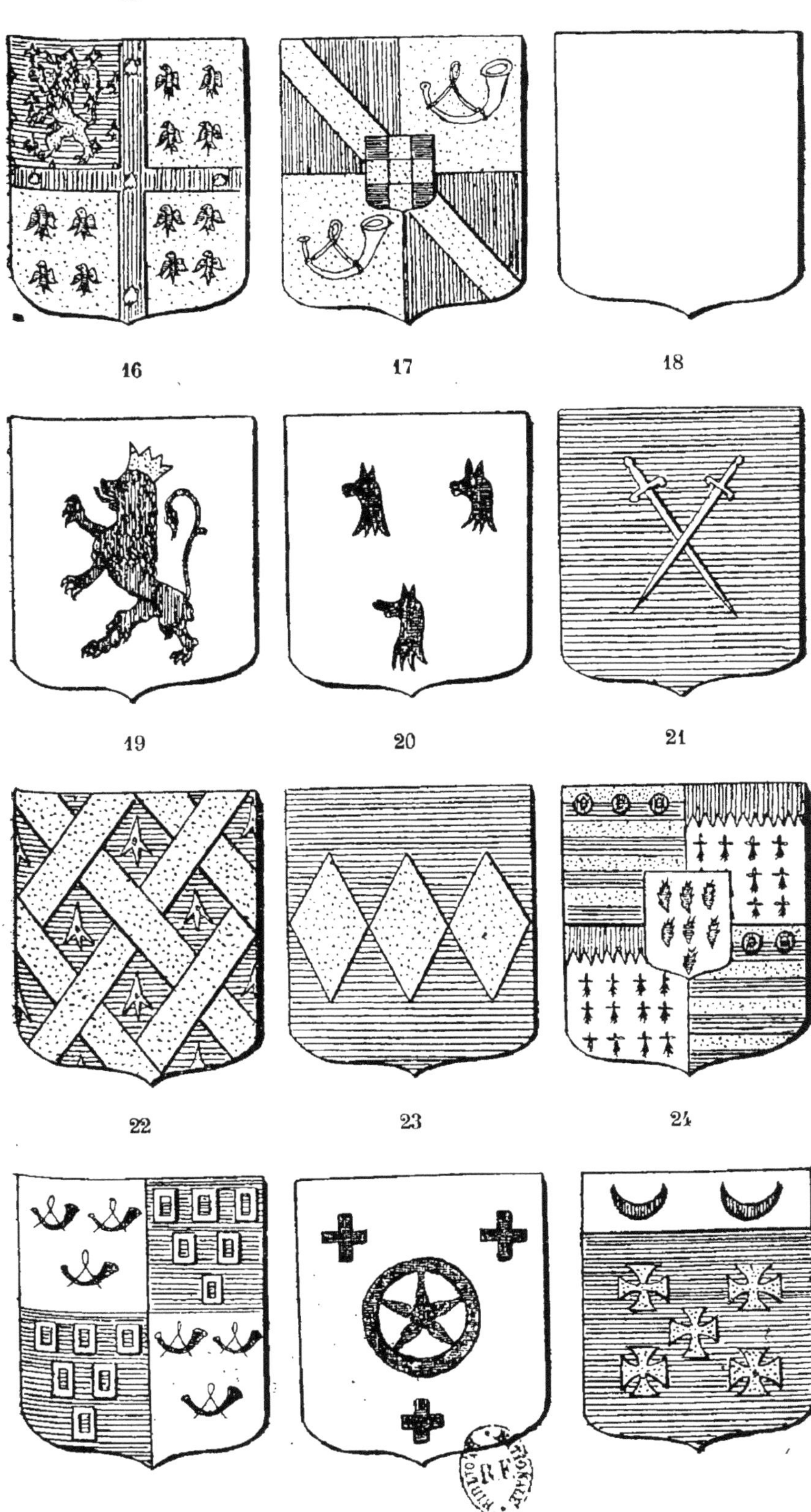

CHATEAU-THIERRY

IMPRIMERIE MODERNE

H. BOUCHARDEAU, DIRECTEUR

9 782019 938857